森耕細作

連結社區的在地實驗

毛家謙、高家揚、單懷亮 著

目錄

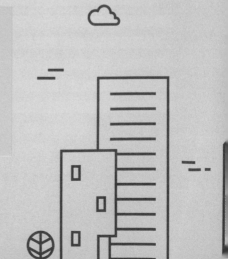

出版緣由

毛家謙・高家揚・單懷亮

我們相信，社區是可以「栽種」出來的。這些年的在地實驗便是這個「栽種」的過程。

把這些實驗記錄下來，原來是很奇妙的體驗。

我們得以以不同的角度重新檢視這些大大小小的實驗。多年來進行的一連串嘗試，讓我們重新思索這些行動的本質，反思它們之間的關係，從中聆聽它們訴說的那個連結人地關係的故事。

我們回想起許多實驗的零碎細節和畫面，從中窺見不同實驗彼此扣連之處。原本看似毫無關聯的小畫面，其實在互相呼應，令所有實驗聚攏起來，逐漸構成一個整體。它們對社會與參加者的影響，已比我們最初預料的來得更加深遠。

「記錄」同時也是「提煉」，我們藉著記錄把實驗的雜質除去，集中呈現當中養份最豐富、最值得回味的精華，供讀者細味。

當然也難免著實地「自肥」了一把。

透過這本書，希望你可以和我們一起細味這個歷程，也鼓勵你們使用最後一章的工具，開拓屬於你的社區實驗。

導讀

范寧醫生（醫護行者創辦人及毋忘愛主席）

梅詩華（一口設計工作室共同創辦人及創作總監）

雖然我們在這裏生活，但每天醒來、通勤、工作、回家、休息，只是過著機械式的生活。在這個功能至上的城市中，我們和其他人交集的機會少之又少，城市空間似乎使我們愈來愈遠離社區。如果將我們與社區的聯繫畫成一張地圖，地圖上恐怕是一片空白，沒有跟別人交集的地方——每個人都是孤獨的，好像四面環海的一座座孤島。

本書記錄了一連串社區實驗，旨在探索人與人、人與地的關係，當中內容緊扣著「福祉（Well-being）」的概念。「福祉」很多時候和健康（Health）有關，然而，這個健康不單是身體上的健康，更是囊括身體、精神、社交等整體意義上的健康。其中，「社交福祉（Social Well-being）」又是箇中關鍵，當我們構建好「社交福祉」，精神健康通常也會變好，身體健康（physical health）也會隨之而得到改善。

這些社區實驗從「福祉」的角度去探索城市的可能性，尋找城市的連結點，重建人與人相遇之地。這些連結是社區中最寶貴的資源，比如圖書館、市集、公園等空間，即使（經濟）價值未必很高，卻是生活中的重要節點——人的社交網絡以至「福祉」也倚賴著這些地方而生。

本書作者不但想記錄實驗過程，更希望透過文字鼓勵讀者，勇於走進城市探索，和別人交流。因為若每個人都把自己關在家中，城市便不能稱為城市，不再擁有引人喜愛的特質。

讓我們一同創造一個宜居城市——在此之上，打造一個值得你、我都喜愛的城市（Lovable city）吧！

序

鄭炳鴻（香港大學建築學院副教授）

由森林走進城市，人類在不斷演進，卻漸漸遠離了與環境共生共存的本質。這一代人在高密的城市環境長大，躲藏在石屎森林中；對於土地、對於人世關懷均顯得疏離且陌生。獨自坐在樹蔭下乘涼，本是自然不過的日常，但放在綠樹成蔭的花墟處境，卻成了人與社群的社區實驗。

感謝深耕細作的團隊，分別以不同的角度，由「小松隊」的長者參與到城市設計研究員的探討，為我們展開了多場的社區實驗，也豐富了讀者以另類的眼光重新認知當下的城市環境。通過這些真實而有趣的親身體驗，我們再次建立對我城的「歸屬感」。又或者在不自覺中於某個看似陌生但又似曾相識的城市角落所產生的「場所感」；由互不相干到彼此關顧，也許在每天的日常交往中，我們曾經遺忘的鄰社關係及與地方的感應，也能再次賦予我們在網上不能獲得的「幸福感」。

正如編者所言，這些社區實驗都是希望再次喚醒沉睡著的城市靈魂，再叩問一聲「我們身在何方？」、「究竟我們還屬於此嗎？」…這些問題也許在我們父輩中曾經問過，「從哪裏來、到這裏去？」；曾幾何時在他們的履歷中必須填寫的「籍貫」一項，在今天似乎都被刪除了。不知我們下一代若要填寫這一項時會否寫上「香港」？

鄭炳鴻

香港及中國註冊建築師、香港大學建築學院副教授、社區營造學社總監、美國哈佛大學燕京學社訪問學者。同時是城市設計、文化保育及社區參與的建築實踐者及理論家；2011 年其研究成果展覽包括「人居城市」及「竹跡・築跡」。

序

馬錦華（長者安居協會［一線通平安鐘］創會總幹事）

《森耕細作》，是一本很特別的書，它既是一本書，也是一系列實驗的仔細記錄。看著看著，會讓讀者覺得是在閱讀一份學生的功課記錄。書中詳述和記載作者三人與眾多社會人士，特別是那一群與本書發生互動、聯繫的街坊，和長者組成的小松隊等的點滴。

作者棄用一般的「深」字，卻改用森林的「森」，其用意明顯不過，就是要讀者從閱讀中，感受到來自樹木構成的建築進而發展和形成的城市生活，書中更指出在城市發展中，人與環境、城市規劃、共居社會，如何締造和諧，甚至是打造年齡友善城市的過程。

本書特色是既有第一身的闡述，又有數以十個構成本書骨幹的都市實驗，更有記錄在各城市實驗過程中，各方參與下所得的經驗和體會。其中如春秧街街市的個案中，讓你重探這北角的一條包含街道和鄉里共居而形成的社區文化和鄰里關係。

文中最讓筆者感受有深的是提到若只有空城，卻未能滿足人的需要時，那就不是一個城市，只存留在城的階段，可能只是冷漠的建築，卻未能凝聚眾心，打造美好，具互動性和發展性的空間。直至眾人獲得參與和創新工作坊後，就能為本身社區來一個行動啟動，那因而帶來的收獲和得著是難以筆墨形容。

本書作者主要有三人，包括剛為人父不久的中大建築系的家謙，和他同

在中大建築系的拍檔家揚和另一名來自社區創新界的懷亮，他們三位都是對城市與人之間關係十分關切的專家，卻不只是在學術圍牆內教學就罷休，卻願意親身下海，與城中不同界別緊密合作，更著重城中長者與城市規劃的對碰，和春秧街的特色，突出了居民如何成為打造社區特色，並賦予生命的核心角色。作者們藉其獨有的豐富經驗啟動城市實驗，在重視和組織社區中所有不同民眾互動情況下，和受影響的民眾參與一些社區創新意念，從而加強對社區的歸屬感。

「森」耕細作，只是一個開始，仍需讀者們深入體會，還讓你可考慮親身投入，加入社區創新設計行列！他們三人正在等待你啊！

馬錦華 MH, JP

也是一名森耕人，正服務於城市規劃委員會、土地共享先導計劃督導委員會、香港房屋協會監事會和長者房屋專責委員會，也是一名註冊社工與認可風險規劃院士。

推薦

人是天生的地方營造者。感謝三位專業朋友讓我們重拾這份天賦，通過營造城市，使我們一起細味天－地－人之間的深情！

伍美琴教授
香港中文大學地理與資源管理學系副系主任
城市研究課程主任、未來城市研究所副所長

近年，愈來愈多人視城市空間為居民的生活空間。這些角落作為社區的交流中心，除了提供各種社區服務，發揮實際功能以外，更能夠在複雜龐大的城市中營造地方感，成為居民與社區的重要交點。《森耕細作》一書探討如何重新連結城市空間與社區，恢復社區活力。諸位作者在城市各處各自嘗試，為我們提供精彩而詳盡的案例研究——這本書探索如何把城市空間還給社區，尋找與人同享共樂之道，對我們的城市價值非凡。

何培斌教授 JP
聯合國教科文組織「亞洲文物建築保護與管理」教席主持人
新加坡國立大學設計與環境學院建築系系主任

長者的身心健康與居住環境有著密切的關係，例如良好的社區支援及公共空間設計可促進長者與社區之間的交流。雖然外國已進行了不少有關研究，但將研究在香港實踐的例子卻不多。我很樂見幾位作者分享他們在香港不同的社會實驗，展開不同有意義的城市對話。

胡令芳教授
香港中文大學賽馬會老年學研究所所長
香港中文大學醫學院講座教授

森林之成，皆因樹木羣聚；城市之成，皆因人之聚居。人與人，與大自然中其他生命都是相互依存。城市亦不是獨立的個體，它的延續是依賴著與一切生命的相連和互相的支持。《森耕細作》，三位作者志同道合，開始了這個一起對城市栽種和發現的旅程。此書不是甚麼高談闊論，偉大的論點和睇法，它是一個真實的實驗場，從實驗和嘗試中找出箇中的真理，找出城市生命力的來源。在探索的過程中，有感動，有發現，有新的觀點，建立人與人與地之間的再相連。靜靜的，他們默默的栽種，卻帶來了真實的改變。每論是小松隊、建築學生們、Mo、Rina，William，經此歷程，已再不一樣。他們的發現和改變，令我城也再不一樣。原來真正帶來的改變不在外，而是那個細水長流的用心栽種的用心。他們在《森耕細作》中的發現和分享將會是我們規劃設計我們城市的重要提點。

陳翠兒建築師
香港建築中心主席（2015–2019）

這些年，疫情的困境令香港社會上下瀰漫著一種沉鬱的無力感。
《森耕細作》的社會實驗見證了足智多謀的街坊在大街小巷中的各種破局想像。
以行動築起溫柔與希望，實踐公共價值，令人動容。

張韻雯女士
資深藝術家、香港中文大學城市研究課程客席副教授
香港大學建築學院客席助理教授

看《森耕細作》，令我重新體會社會的睦鄰溫暖。
看用心良苦的耕作，反映年輕人仍是熱血溫馨。
看毛家謙、高家揚、單懷亮的陽光心意，帶出未來仍有人間溫情。

馮永基教授 JP
資深建築師、藝術家

《森耕細作》是三位作者將多年探索的經歷，以多元的媒介：文字、照片、設計圖、漫畫呈現出來。書中人－地－情的互動和連結，至為精彩。文字精練、內容深刻、圖片精美、設計非常有心思。若你對香港人、物、情關心的話，本書不可錯過。

黃洪教授
香港中文大學社會工作學系副教授（教學）

第三空間（third space），相對於家（1st space）和辦公室（2nd space），是促進人與地連結的空間：公園、街市、遊樂場、博物館，都能凝聚人和營造歸屬感。在疫情中，人與人有必須的距離，人與地卻有創意無限的交集，戶內延伸向街外，車位變休憩地，街道變遊樂場，也做 pop-up 墟市。

這種共同創新，就是城市的未來。誠意推薦關心城市的朋友看這本書。感謝三位作者記錄了許多在第三空間交集連結的實驗和心得，指向的是人本包融的發展，在城市共居，由 ME 至 WE 的可能性。

黃英琦女士 JP
Good Lab 好單位執行主席、Make A Difference 創不同協作主席
香港當代文化中心總監、香港兆基創意書院校監

我很高興有機會向讀者推薦這本充滿人與人之間的愛心、社區地方感情、多方面對人地關係互動探索的書。三位作者：毛家謙 (Mo)、高家揚 (Rina)、單懷亮 (William)，在香港從事場所營造多年，努力不懈研究可持續發展的建築設計對地方感及社群健康生活的影響。這本書記錄了三位作者許多實驗研究例子和見解，提供多元化的實踐方案讓各行各業都能夠一起參與更美好社區的共創。正如作者所說，這是一段美妙旅程的開始，我衷心再次感謝作者的分享，並且向所有關心香港社區營造及市民福祉的讀者強烈推薦這本書。

蔡宏興建築師 JP
香港建築師學會會長

作為城市規劃師，我深信成功的城市建設不單有助經濟發展，而是使在那裏居住、工作、遊樂的人因有機會參與它的建設或改造而感覺親切自豪。《森耕細作》努力探索了不同的手法把人和城市連結起來，非常值得參考。

譚小瑩女士 JP
市建局前行政總監
香港規劃師學會前會長

第一章
為何要城市實驗？

在你心中，城市是怎麼樣的一個地方？

城市，一般形容規模較龐大、工商業較蓬勃的聚落。

可是，一百個人心中有一百個哈姆雷特，有多少人住在城市，就有多少個城市的印象。

人與城市——人與地，那是曖昧不清而確實存在的一種關係。當你隱約感覺到不對勁，當心中的警號一而再地響起，當人地關係出現問題，作為城市的居民，你會想去修補這種關係嗎？還是無從入手，感到迷然若失，彷徨無助？

筆者也是不知所措。但正因為不知如何是好，我們決定在城市進行實驗，去尋找違和感後的真象，嘗試捉摸並維護這份模糊的情感。

在實驗開始之際，我們將為城市診症，為人與地方的關係下定義。

城市
孤獨症

城市規劃不能只著眼於硬件設計。空間的大小、採光、通風、觀感等，環境的方方面面都會影響用家的生活習慣，更可能左右人與人相處的模式、人的內心情緒以至精神面貌。在肉眼可見、唾手可及的物理環境背後，存在著我們與城市之間無形的連結——人與地，那是曖昧不清而確實存在的一種關係。

孤獨不只是一個人的事

放眼全球，住在城市的人口正在不斷增長。根據聯合國預測，在 2050 年，世界上每三個人中便有其中兩個住在城市 (Sengupta, 2014)。與此同時，淡泊的人情味成為批判現代城市空間的主要論調。從前，人們為了更好的生活，為了追求理想，懷抱著各自的願景來到城市。然而，等待他們的卻是嚴苛的生存環境：個人主義橫行的社會、從未歇息的街道、人人自危的緊張博弈。相信很多居住城市的人和筆者一樣，不時會感受到，明明在簇擁的人潮之間，卻一直無法消弭心中的空虛寂寞；在街上與鄰居打過招呼後，才發現自己連那人叫甚麼也記不清了；雖然在這個城市生活了好一段日子，卻好像自己從來不屬於這裏，世上並無一處心安之所。

城市的生活，讓我們漸漸失卻了人情味，忘記了與人交流的快樂，對居住地再沒有羈絆。

如今，孤獨成了城市病，成為每個城市人無可避免的特質。

而這份負面情緒正在侵蝕我們的健康。從科學的角度來看，早於上世紀已有精神科醫生指出，精神病院中原居於城區的病人比例較高。一個以丹麥的研究更發現，人待在城市的時間愈長，他們就有較大機會罹患抑鬱症、焦慮症及精神分裂症等精神疾病。與城市生活形影相隨的疏離感與壓迫感，似乎是誘發精神問題的一大成因之一。長遠來說，孤獨會增加死亡風險，對健康的危害可與吸煙相提並論。

孤獨感不僅使人快樂不起來，它更可以是致命的，能夠奪去人的性命(Bell, 2016; 程玉然，2016)。

城市愈發展 人們愈孤獨

每當我們憶起老香港，或者回想孩童時代，總感覺以前的香港更有一份「人情味」。香港隨著時間變得更繁華，舊時的溫暖卻不復存在。

為甚麼城市愈發展，我們便愈容易感到孤獨？

在過於急速的生活節奏下，面對瞬息萬變、永無休止的外部刺激，人為了保護自己，便與周遭一切保持距離，避免長期處於心理和精神上的緊張狀態。正如社會學家齊美爾所言，疏離是人的一種保護機制，維護個體自我完好無損的手段，其結果是人對生活中的事物變得麻木不仁，把真正的感情壓抑在內心最深處。孤獨是這個精神狀態的副產物、我們大腦針對這個情況的警號。

不但如此，城市的規模在發展中變得極其巨大，跟傳統鄉村生活相比，我們沒辦法感知並掌握居住地的所有變化，導致人對城市的印象變得支

離破碎，難以對生活空間以及這裏的人們產生歸屬感。一來這已超出人的能力範圍，二來科學技術的發展更加劇了這個現象。資訊科技徹底改變了人的生活方式，人們不再依賴公共空間作為日常交往的場所，而是透過虛擬網絡等信息手段作為公眾交往的媒界。人的日常溝通主要以通訊軟件進行，大幅減少面對面交流的機會。城市居民的生活空間只剩下幾個定點，由家到學校，抑或從工作場所到消費場所，即使許多人多年來近在咫尺，卻一直互不認識。而網絡上的社交，大多停留在膚淺的表面交往，會隨意點讚的程度，鮮有深入的交流。

森耕細作 重拾舊「情」

人類是社交性動物。與某種事物產生聯繫，與之共情共鳴，那是人之常情——無論那是某個特定人物，或是某個特定的地方。若要治療名為孤獨的城市病，我們必須重拾對城市的感情，再次與這個地方連結起來。正如農夫為了有利農作物生長，會深深地翻耕土壤，確保泥土含有豐富的水分、空氣與營養，人與地的關係也要從最基本的事情開始，重新栽培，默默耕耘。這本書好像筆者埋下的一顆種子，與一班有心人共同努力，經過一段時間的深耕，經過不同途徑的實驗，我們嘗試培養人與地之間的感情，為香港尋回人情味。

23

我們對地方的
感與情

人類天生具備各式各樣的情感，無論是友情、愛情、親情，這些天然的情感影響我們的思想，繼而左右我們的行為。其中，除了人際關係的情，我們也會對人以外的事物投入感情。人對某個特定地方的感情，我們稱之為「地方感」。地方感是人跟地方締結聯繫時形成的產物，可謂人對地的依戀、情結；相反，若城市居民對周遭環境的變化無動於衷，對居住地沒有歸屬感，他們可謂是缺失了地方感。

地方感究竟是甚麼？

如同其他感情，地方感是全然主觀且因人而異的。正如很多感覺都是說不清、道不明的，有人認為地方感難以用文字確切描述。同一個地方，有些人喜歡，也會有些人毫無感覺甚至討厭。地理學家 Edward Relph (1976) 曾提及，由於每個人在一個地方的經歷不同，賦予那個地方的價值自然不同 (Relph, 1976)。不同文獻對「地方感」的詮釋也不盡相同。地理學家段義孚（1996）提出：一個地方有其靈魂，有其魅力，而只有人類能夠感受到箇中韻味 (Tuan, 1979)。而地理學家 John Eyles 和 Allison William (1985) 則提到，地方感是一種促進與朋友和家人聯繫的方式。具有地方感的人，會認為他們居住的地方很重要，也會覺得地方對他們有意義 (Williams & Eyles, 2008)。

雖然地方感含主觀性，但它仍然有跡可尋的。就像人的基本情緒可歸類為「喜怒哀樂」四種，我們也可以將地方感分為四大類 (Eyles, 1985)：「社交」（social）、「冷漠」（apathetic or acquiescent）、 「功利」

（instrumental）及「懷舊」（nostalgic）。具「社交」型地方感的人會重視人際關係，積極參與社區活動；「冷漠」型的人不太關心自己居住的地方，地方感較弱；「功利」型專注於這個地方帶來實質的用處，例如設施較便利，或離公司較近、較容易找到工作等；至於「懷舊」型，他們的地方感建基於昔日時光，屬於回憶的產物。

這個概念還有一個特質——人與地的雙向性。地方感一方面來自人對於地方的主觀感覺，另一方面也牽涉地方向人呈現的客觀事實。園境設計學者 J.B. Jackson（1994）在他的書中如此形容：「我們通常會透過一個地方的環境質素形容這個地方的氣氛。儘管如此，當我們意識到，某些地方對我們有一種吸引力時，它會給我們某種無法定義的幸福感，以致於我們會想要一次又一次地返回那個地方。這不是短暫的反應，它會持續存在，不時令我們故地重遊，重溫美好經歷，吸引我們回來。」Jackson 認為，我們通常會先根據物理條件，客觀理性地評價一個空間的好壞。街道的清潔程度，休憩設施的保養狀態，這些都能夠影響人的觀感。之後，人會因為某些因素而對這個空間產生感情，令「空間」不僅是一個物理上的客觀形式，而是帶有價值的「地方」。換言之，地方感的形成就是人把「空間」轉化為「地方」的過程（Jackson, 1994）。

影響地方感的因素

地方感反映人與地最根本的關係，箇中因素繁多複雜，盤根錯節，在地理學、建築學、心理學等範疇多有研究。

一般認為時間和對地方的認識是最直接地影響地方感的因素。所謂日久生情，隨著時間推移，人對一個地方的印象便會受記憶影響，摻雜個人情感。相處的時間愈長，對這個地方的認識愈深，例如了解到此地的歷史背景及社會文化，它在我們

「人把空間轉化為地方，就是地方感。」

心中也會變得愈重要。此外，人的生活質素、年齡、種族和地方的地理特徵等都具有一定影響力，改變人對地方的認同和投入程度。

另一邊廂，不同的群體或會受不同的因素左右。簡單來說，當地居民常會因為社交網絡、家庭及個人經歷等產生較強烈的地方感。當遊客造訪一個新地點時，他們對於這個地方的感受，很大程度上關乎到當地的自然環境質素和相關的娛樂體驗。這個時候一些象徵符號、地理特徵便顯得至關重要，為外來者留下強烈深刻的第一印象（Williams & Eyles, 2008）。

地方感有益健康

跟孤獨感相反，提升地方感有益健康。環境心理學家 Fritz Steele 約在 40 年前提出，地方感會影響一個人的精神狀態，令人有意無意地表達對地方的情感（Steele, 1981）。精神病學家 Mindy Thompson Fullilove (2004) 在她的書中也提到：長期居住在某個地方而建立的人地關係有助維持心理健康；反之流離失所的人容易經歷情緒動蕩，並不利於精神穩定。因此地方感也能作為當地環境質素的一個指標，間接反映出當地居民的健康水平。以最常見的康樂設施為例，如果缺少供人活動身體的設施，那當地居民運動和社交的機會便相對較少，使他們的地方感低落。

每個人的味覺不一樣，每個「美味」的意義自然也不同。雖然沒有辦法定義「美味」，當有幸品嚐到美味佳餚，人的反應卻是大同小異——我們會感到幸福、快樂、滿足、回味無窮。同樣，我們若喜歡一個地方，受到這個地方吸引，便會因為心中的地方感而收穫幸福。

在這個前提下，我們希望透過一系列實驗，探索如何提升城市居民的地方感，以此修補城市中的人地關係。

第二章
城市價值

這一章，修補人地關係的實驗正式開展。

一段感情往往由了解對方開始，同理，為了增加地方感，我們會在這一章以不同角度探索城市價值，尋找城市中的「松果」。

我們將嘗試透過四組實驗去探索這個過程。首先，我們藉著「小松隊」從不同行業的角度看待城市，然後根據一個問卷調查，以用家的角度介紹香港值得一去的公共空間。從一個較為宏觀的角度探索之後，我們把實驗聚焦於春秧街——這條位於北角的街道正如香港的剪影，我們嘗試從一條街的特質與價值，帶出整個城市的價值，並且了解如何透過藉著日常生活的物件，與地方建立聯繫。

實驗一：小松隊城市尋寶記——從更多元的角度看待城市
實驗二：發掘公共空間——城市中值得一去的公共空間
實驗三：春秧街特寫——由一條街找出城市的價值
實驗四：社區藝術館——探索自身與物件，乃至與地方的聯繫

實驗一：
小松隊城市尋寶記

正所謂「老如松柏」，不少人都期望自己或家人能於晚年健康地生活。筆者的團隊和香港中文大學賽馬會老年學研究所由 2019 年開始合作，創立「小松隊」，讓長者和專業人士一起尋找「松果」——「松果」寓意令長者生活得更開心舒適的建築城市設計。這些松柏的果實，不一定是宏大的概念，也可以是一些細微的設計事物。小松隊隊員主要是初老的長者，他們大多關心長者健康、建築環境等議題，便參加了這個實驗。透過踏足香港不同角落，他們和團隊一起了解城市建築、環境、個人習慣跟健康的故事，收集一個又一個「松果」，提升城市的地方感。

實驗分為五章，每章各一個主題，每個主題由三種活動組成，分別是講座、實地考察及研討會。在每一章，籌劃團隊邀請醫護、公共健康、建築、城市規劃、園景設計等多個範疇的專業人士來演講，接著由講者帶領隊員到實地考察，實際地講解；最後來到研討會，小松隊隊員可以針對上面兩個活動與講者交流，分享感受與反思。

小松隊
Nut crackers.

小松隊主題以城市規劃起首，依次是基礎設施、公共空間、建築以及

居住環境。隊員從第一章（城市規劃）開始，跟著 Meta4 Design Forum 的創辦人黃德明建築師參觀饒宗頤文化館，親身體驗活化項目的年齡友善設計；在第二章（基礎設施）到東涌河邊，請綠色力量的盧詠鋒先生分享河道活化的經驗。雖然後來受到疫情影響，實地考察被迫取消，但團隊改變重心，把講座內容放上 YouTube，又舉辦網上研討會，加入公眾問答的環節，讓講者回答小松隊隊員和網上聽眾的問題。講者藉網絡即時互動，把他們的經驗知識傳授給聽眾，變相提供了反饋大眾意見的機會，可謂相得益彰。

老年學研究所的所長胡令芳教授於最後一章（居住環境）的研討會作開場白時說道：「人人都知道香港人口老化，但我們應該如何面對這個問題？居住環境如何影響我們的身心健康？前面幾章的主題比較宏大，今次我們集中講『住的地方』。」居住環境是最貼身的主題，自然也受

最多人重視。團隊請來重量級人馬出席研討會，包括香港中文大學社會工作學系副教授——黃洪博士、俊業集團有限公司的執行董事——吳天偉先生、建築署前副署長——鄧文彬教授、康譽長者公寓管理有限公司營運總監——黃惠娜女士、註冊環境測量師及註冊規劃師——盧文謙先生、香港中文大學賽馬會老年學研究所所長——胡令芳教授、市區重建局前行政總監——譚小瑩女士。在這個研討會前，他們已各自在五場講座中講述了自己為改善長者居住環境的嘗試。在胡教授和譚小瑩女士的主持下，幾位有心人聚首一堂，由人對於居所的一般性需求、國外的成功案例，談到香港長者房屋實際上的挑戰。他們都認同，若要把理想化為現實，不可能只靠本地建築師、設計師等專業人士，還須要各界協助，從社區層面考量建立合適的社會配套，從政策層面改變社會現況。其中，小松隊隊員說出自己和鄰居的故事，佐證居住環境會對長者的身體和情緒健康有重大影響。眾人一同探討年齡友善社區的可能性，為這個活動劃上圓滿的休止符。

籌劃團隊尋到……

「一方面想讓小松隊長知識,另一方面也想讓一同參加活動的專業人士有所得著。」

城市裏有很多珍貴的寶藏,我們每天慣以為常,經常與寶藏擦身而過。籌劃團隊成員的 Rina 認為,團隊的初衷源於讓人重新發現這些寶藏。常言道「家有一老,如有一寶」,起初想到的寶藏,不只是地方,還有城市裏經驗最豐富的用家——也即是我們的小松隊了。「通常提到城市設計或建築相關的主題,都會邀請城市規劃師或建築師來分享。但今次我們改變了思路,在演講嘉賓的名單中添加了建築環境行業以外的專業人士,如醫生、社工、心理學學者等。這些講者分享有關長者相關主題,讓活動更具特色,引發更多面向的思考。」

Rina 身為註冊建築師,深深感到「跨界交流」的必要。她提到最後一章

(居住環境)的講座,其中兩場同樣以錦繡花園為題,但一個從發展商的角度說錦繡花園的整體規劃、住戶的平均滿意度等,而另一個講者是真正的住戶,一面以用家身分講述生活點滴,一面從專業建築師的角度分析屋苑的房屋設計。把這幾個角度合併起來,錦繡花園的年齡友善設計變得尤甚具體,也能看出提供服務者和使用服務的用家之間的價值差距。

另一例子是有關建築和健康的第四章。團隊邀請了大館的結構工程師任家暉先

生來講歷史建築保育的知識。「在翻新文物時，建築物結構不能
有任何改動，否則文物的本質便會被破壞。所以在翻新大館時，
既不能動結構，又要維持外表，同時要加固建築物，確保沒有
倒塌的危險。」文物是文化的一部分，而文化對長者在精神健
康上有直接影響，於是團隊又請來了香港中文大學心理學系
的馮海嵐教授，分享她對兩者連結的研究。「文物保育技術」
搭配 「文化認同心理學」，這個新鮮的組合令所有參加者
都聽得津津有味，大讚內容多元化。

最令 Rina 喜出望外的，則是與長者之間的化學作用。「研討會的問答環
節有時候會有意想不到的收穫。有一次，一位長者提出，以前的公屋沒
有空調，很多家庭便打開大門，以保持空氣流通，也創造了跟鄰居交流
的機會；相反，現在香港的房屋大都安裝了空調，我們再沒有必要開門，
卻也造就了疏遠的鄰里關係。以往我們談論鄰里關係，多數在空間設計、
社區配套等方面尋找原因。空調是我從未想過的因素，讓我印象深刻。」
不但如此，每場研討會之後，團隊都會進行問卷調查，針對講座內容提
出問題，每次平均會收集到約一百二十人的答案。例如在最後一章問到
參加者對建築物評估工具的認識，就講者來說也是十分寶貴的數據。長
者不但接收資訊，同時成為團隊的助力，產生了教學相長的效果。

對作者而言，小松隊替籌劃團隊尋到了一班志同道合的有心人，他們都
關心城市環境，有志於改善生活質素。從建築到健康，由專業人士至長
者，這些活動把不同年齡、不同專業、不同背景的人凝聚起來，為後來
營造地方感的實驗建立了穩固的根基。

長者尋見發聲機會

小松隊每一次聚頭，必定是熱鬧的場面。

有些隊員平日就積極參加不同活動，問他們對活動有甚麼深刻印象，他們說很喜歡熱烈討論、交流的氛圍，而且很高興有一個平台讓不同年紀和背景的人交流。

一個能自由討論的環境是很難得的。現實生活中，即使是認識已久的朋友，也因為彼此既定的看法，未必能坦誠地表達自己的意見。可幸的是，小松隊隊員都是願意聆聽和表達的人。當參加者感受到共融和尊重，便能更自主、隨和地跟隊員和來自不同背景、不同年齡、不同專業的人溝通相處。

K.K. 便是小松隊的其中一人。談到他的「松果」，已過花甲之年的 K.K. 認為新一代長者對生存意義有更高期盼，不再滿足於三餐一宿、「餓唔死」、「跌唔親」。於是，長者居所便不單只是通達安全的走廊與傢具器材；更有需要為整個社區維護自然生態、保育歷史文物、塑造跨代共融氛圍、開放低廉通訊架構、建立器物用後回收再造系統，這才能讓長者自信無愧地將世界傳承給下一代。以上種種新觀念，都是他這些年有幸隨隊找到的松果。

很多時候，設計者只把長者當成「多出來的一部分」、「特別的群體」，例如設計公園時，人們總會劃出長者和小朋友各自的區域，以便於管理，這樣卻限制了人的活動和交流。社會也很自然地把長者視為「有很多時間的人」，「有時間可以去做一些上班族沒有時間去做的事」，或者「有甚麼義務工作也可以來做」。可是，長者其實是城市中重要的持份者，他們的意見也應該受尊重，而不是單單被視作一種閒置資源。

一樣米養百樣人，每個人的想法、價值觀、看法其實各有不同。長者不是單一個體，不能夠一概而論，即使是初老至老老（年紀可能相差 20 至 30 年），他們的看法和需要已大不相同。小松隊在活動當中受到啟發，

他們變得更想投入城市之中，集眾人的知識和智慧去構想：究竟怎樣的建築城市設計才能令所有年齡的人都活得更開心舒適？來自五湖四海的人一齊發聲，在各種意見激盪中彼此豐富，這樣的交流使人熱血沸騰。

尋見視野新角度

K.K. 也覺得小松隊拓闊了自己眼界。正如 Rina 從長者的一席話中獲得啟發，K.K. 過往提及「長者與住屋」，都只會去想怎樣改建居所、安裝監測設備，避免長者跌倒；或者想去買甚麼儀器，使長者能夠獨立而安全地生活，減輕家人照顧壓力。他在退休前從事社會福利相關的工作，被長年的專業局限了觀點。成為「松鼠」以後，他才發現自己對「年老」的認識很是狹窄單調。倘若社會的長者政策更積極進取，在政策制訂、城市規劃、社區營造、運輸配置、生活圈佈局、公共空間等各方面著手，人人在友善關懷的環境中健康成長，便能大病化小、延遲衰老，增加貢獻社群的歲月，令老年變得多姿多彩。至於怎樣應付長照壓力、怎樣輔助渾身病痛和行動不便的長者等問題，這些只屬事後補救。

不止是 K.K.，在活動的推動下，其他隊員都不約而同地覺得：「對啊，我之前為甚麼沒想到呢？」在跟專業人士和年輕一輩交流時，不同的角度能夠引發嶄新的想法。在討論公共空間的過程中，參與者欣喜地發現，文物、街市、工廠、商場、藝術館……這些建築環境與我們的生活息息相關，而且每個人都有能力去影響改變這些因素。

有位隊員是中學教師，她回想所任教的中學也曾辦長者學院，但只想著讓學生服務長者，希望能幫到他們，但怎樣幫呢？其實也不太懂，最多只是辦電腦班。如今，她可以從建築、城市設計、社區有關的知識和觀點出發，加入城市環境的元素，讓長者的生活質素、心理質素、情緒支援等各方面得到改善。

過去對這些沒有認識，問及他們意見時也實在提不出甚麼意見，現在他們變成會主動去留意可改善的地方。自從加入小松隊，他們跟朋友見面時會提起年齡友善；到商場逛街時會留意燈光怎樣、座椅怎樣、地板怎樣，會想有沒有照顧到不同年齡的人的需要；幼稚園老師背景的隊員以前留意到的東西都跟小朋友相關，現在擴闊了自己的關心對象，去公園更會留意給長者的空間設施。小松隊吸收了很多專業人士的知識和經驗，擴闊了不少思維和眼界。

「怎麼辦？我們開始有職業病了！」很多「松鼠」半認真半開玩笑地說道。

K.K. 也表示，下一步他們這些長者要考慮的是：繼續溫文地「編排了講座就去聽、被邀請對某項公共事務提意見才去講」？還是走前兩步，主動留心討論社區環境，積極公開評點江山？

答案不言而喻。

尋見希望

當一大班人在一次又一次交流中成為朋友，大家一同希望再跟其他人一起走下去，更會自發組團去一些有趣地方尋找「松果」，這樣的結果是讓人始料未及而驚喜的。小松隊不但尋得了知識，結識了志同道合的伙伴，更重要的是，他們透過這些活動，開始相信他們擁有影響力，有可能改變未來。

Sandra 跟 K.K. 同為小松隊隊員。年紀在「松鼠」之中也算最大的 Sandra，她對香港的護老感受尤其深刻。參加小松隊之前，她一直在香港尋找可以安老的地方，切身體驗到現在的建築環境為長者的生活帶來諸多不便。即使有些經濟能力足夠聘請家務助理，但由於缺乏配套設施，社區生活始終不理想。

幸而，她成為松鼠後，發現愈來愈多人關心長者的切實需要。比如最後一章的五位講者，有社會工作系的教授與建築系學生合作，嘗試改善棺材房、板間房等惡劣的居住環境；有註冊社工熱心投入長照服務，策劃並設計多項醫社合作先導計劃；有建築環保評估協會利用建築評估工具及數據收集系統，精確地提升老齡化社區的生活質素。讓她更感慨的是，小松隊也有大專生參與，創造了很多老幼中青一同跨代交流的機會。Sandra 藉機認識了不少年輕人，他們都關心長者和城市議題。透過與他們交談，她慶幸自己能為他們提供新角度，互相啟發，增進兩代人對彼此的了解。

別小看年輕一代只是學生，他們藏著偌大的可能性，足以主宰未來十年、二十年，甚至五十年的社會。看見這些年輕的臉孔，Sandra 形容：「好像見到香港的將來。」

這也是為甚麼 Sandra 與一班老友記跟老年學研究所、中文大學建築學系的連繫漸趨緊密，他們活用多年的知識經驗協助研究，有時候針對房屋設計原型提出意見，有時候出行評估空間乃至社區設計，有時候接受學生的訪問。他們身體力行，貢獻力量，為美好未來播下種子。

「由我哋做起是非常重要的開始。」她滿懷希望地總結。

小松隊在活動中找到松果，然後感染更多人在城市中發掘寶藏。

如此發展下去，未來會好有希望。

「由我哋做起是非常重要的開始。」

實驗二：
發掘公共空間

人與人之間的關係始於接觸，因此人地關係的重要一步也是讓人們跟地方多接觸，體驗到當地的魅力。常說香港是個彈丸之地，其實只是我們平日未有留意，原來有許多空間只是聽說過，沒去過，甚至聽也沒聽說過。香港還有很多寶藏待被發掘。

為了加深各位對香港不同地方的認識，我們會在這一章帶領大家到香港的十二個公共空間走一趟。這十二個公共空間乃根據問卷調查選出，我們訪問了小松隊成員、學生、長者、專業人士等近一百五十名受訪者，請他們推薦香港值得一去的好去處。調查收集了過百個提名，我們整合結果後，將這些好去處分成「開放空間」、「自然空間」、「親水空間」和「文化空間」共四類，並為每類挑選三個空間，推薦各位和小松隊一樣，到城市各處尋訪松果。

開放空間

多數受訪者推薦開放空間的準則很簡單：可達度高、開放空間足夠、適合不同人群的設施等等。如果用一句話來形容，就是方便、選擇多。

維多利亞公園

上榜原因：坐落於港島市中心、擁有超過 60 年歷史，是人人都認識的地方，也是港島區最大的公園。園內有面積約兩公頃的中央草坪，供市民自由活動，而且設施多元，適合不同年齡層的人使用，各類球場、游樂場、亭院等等，任何人都可以在維園找到屬於他們的活動地方，絕不會感到無聊。

我們現在或會覺得維園的存在是理想當然的，哪料到這個公園對於香港的城市規劃來說是劃時代的一步：原來在 1950 年代，房屋供應短缺，要在黃金地段預留這麼大的空間單純作休憩用途，缺乏經濟效益，理論上不太可行。但香港正經歷戰後復興，不少研究指出公共空間有助改善社區生活，當時的政府便決定在銅鑼灣避風塘進行填海工程，建成我們現在熟知的維園。

西九文化區 – 藝術公園

上榜原因：集潮流、文化、藝術於一體，是廣闊而開放的綜合公共空間，也是社區的綠色心臟。無論佔地 23 公頃的藝術公園，抑或達兩公里長的海濱長廊，都有讓人忘憂的維港景致。這裏更允許寵物進入，各位「奴才」和「主子」不容錯過。

中山紀念公園

上榜原因：園內設有水晶廣場、四大寇庭院等具特色的戶外設施，也有草地、遊樂場、廣場、海濱長廊等不同類型的空間，產生不同的空間體驗。附近還有「孫中山紀念館」，散心之餘，又能了解香港與孫中山先生的歷史事蹟。

自然空間

若邀請你推薦一個自然空間的去處，你的腦中可能會浮現出鬱鬱蔥蔥的場景：遠離城市煩囂，被植物包圍，近距離親親大自然……這些都是參加者對自然空間首要想到的條件。

郊野公園

上榜原因：作為香港的後花園，遍佈全港各處，地貌類型囊括山嶺、叢林、水塘和海濱地帶，動植物品種更是繁多，是市民領略香港生物多樣性的最佳選擇。

濕地公園

上榜原因：現時區內錄得的鳥類物種數目已累積達二百七十三種，佔本地鳥類物種總數約一半，而蜻蜓、兩棲類和爬行類動物，也分別錄得五十六種、十種和三十二種。作為一個生態景點，這裏能夠讓人深入地認識香港濕地生態系統。

香港公園

上榜原因：可以在市區接觸各類動植物。其中，霍士傑溫室和尤德觀鳥園依山而建，前者長期設有旱區植物以及熱帶植物的展覽，後者則有一條高架行人道讓人穿梭於樹冠之間，以不同高度觀賞園內豐富的雀鳥種類，頗具特色。

親水空間

水乃生命之源，公共空間若有一些水的元素，總讓人感到特別親切，舒適自在。除了嬉水以外，只要在水附近有關的活動，如觀海景、釣魚等等，都可算是親水空間。

觀塘海濱花園

上榜原因：前身為觀塘公眾貨物裝卸區，現在是長逾一公里的海濱長廊。除了大片草坪、別出心裁的康樂設施、特色塔樓地標等吸引力要素，還有造價不菲的音樂噴泉，每天定時舉行花式水柱表演。噴泉旁的嬉水區亦是夏日消暑的好去處。

啟德河

上榜原因：前身為啟德明渠，現在被渠務署活化成香港首條市區綠化河道走廊配合當地生態，充滿了各式各樣的綠化元素，包括設置仿石種植盆、河邊花槽、魚洞穴及導流石等。河堤附近經過改善美化，沿岸鮮花怒放，又興建了行人天橋及觀景台，既吸引遊人前來欣賞美景，也招來不少鷺鳥於河中覓食棲息。

而準備在「鑽石山綜合發展區」興建的「活水公園」，其「活水」便源自啟德河。這個公園佔地約 1.64 公頃，設有歷史建築物、模擬天然河道的水景、兒童遊樂場等多樣設施（張嘉敏，2020）。相信 2024 年完工後，香港又多一個好玩的親水空間，大家不容錯過。

大埔海濱公園

上榜原因：大埔海濱公園是香港面積最大的公園。市民可沿著海濱長廊，一邊騎單車，一邊吹風，一邊賞景，一覽吐露港風情，享受在市區中心難以體驗的樂趣。公園盡頭處更設有釣魚區，給一眾釣魚愛好者使用。

文化空間

大館

上榜原因:前身為香港警察總部及中區警署,現在是香港的首屈一指的文化公共空間。市民可以在這裏感受當年的監獄風貌,也可以參加各種展覽及表演。更值得一提的是活化工程本身,經過國際建築師事務所赫爾佐格和德默隆(Herzog & de Meuron)規劃設計,保留了部分建築結構和裝修,讓參觀者身臨其境般感受 19 世紀殖民時期的香港回憶。

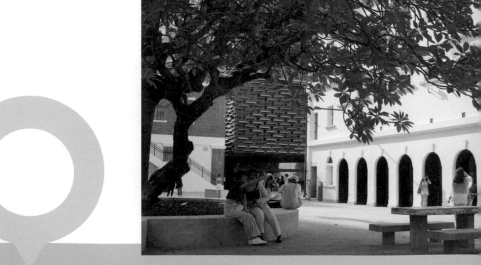

南豐紗廠

上榜原因：曾經的紡紗生產工廠，經活化成為文青好去處，保育了紗廠自一九五四年的文化。這裏既是初創培育基地，也是香港首間紡織文化藝術中心。透過紡織文化的保留與傳承，參觀者可在南豐紗廠內感受到昔日香港製造業黃金年代的韻味。

終審法院大樓

上榜原因：早於一九八四年已被列為法定古蹟，採用仿古羅馬及希臘的建築設計，正門上立有正義女神像。這棟建築物背後經歷了不少歷史風浪，曾多次更改建築用途，直至二零一一年，方成為現時的終審法院大樓。如果對香港歷史及建築有興趣，不妨前去一探！

實驗三：
春秧街特寫
萬中選一 微觀地方

認識城市的各種好去處後，我們察覺到城市的每個角落都存在獨特的人文風景和特色，只是我們在忙碌的日常中逐漸麻木，便慢慢看不見原有的「松果」了。為了重新發現城市，團隊夥拍香港藝術中心，成立「都市實驗室」，以北角春秧街為試點，帶領一眾實驗員探索這個地方。這班實驗員來自各行各業，涵蓋老中青幼。他們的共通點，恐怕只有對城市的好奇心，和天馬行空的想像力而已。

二零二零的夏天，六月至八月期間，實驗員來到春秧街，親自去感受這條街，與這裏的街坊交流，做各式各樣的研究。我們參考 Project for Public Spaces (2017)，在實驗中反覆以四個步驟：觀察、創作、實踐、討論，逐步幫助參加者建構對春秧街的印象。實驗員有時邀請街坊畫心理感知地圖（mental map），有時去老店搵食開聊，有時在街上周圍拾「荒」——看似無厘頭的行動，卻是從多元角度了解街坊日常的途徑。種種細節仿若拼圖的碎片一般，經過實驗團隊反覆交流討論，把春秧街的獨有文化和地方質素拼湊出來，展現於眼前。

新訪客、新角度、新印象……

實驗團隊會為這條街道帶來甚麼改變？我們又能夠在這裏找到甚麼「松果」？透過這條街能「看見」城市怎麼樣的潛在質素？

春秧街兩面睇：凌亂美

露天街市

春秧街是香港有名的露天街市。

說到街市，通常人們會想到「雜亂」一詞，春秧街街市也不例外。在這條街道與糖水道交界的近公廁位置，有很多「發泡膠盒」堆疊。長達兩百多米的街道空間堆積著雜物，欠缺規劃，阻礙其他道路使用者，予人「雜亂無章」的感覺。不但如此，街上販賣著各式各樣的商品，算上地舖和樓上店舖，實驗員便留意到：外傭中介公司、印尼食品舖、傳統福建食品舖、水果檔、豬肉檔、魚檔、時裝店、鞋舖、印章公司、酒店等。真是包羅萬有，一應俱全。

小福建

有需求才有供應。五花八門的店舖，也是靠著各式客人光顧才得以繼續
營業。從小朋友到長者，街上的人不但年齡光譜很闊，還來自五湖四海。
在人頭攢動的春秧街，我們總能聽到一種以上的語言——廣東話不用
說，也有人用福建話、閩南話或各種東南亞語言聊天。

春秧街的名字源於商人郭
春秧，他是印尼華僑，也
是福建人。一九二一年，
他於北角投得一幅填海
地，打算興建糖廠大展拳
腳，卻不幸碰上「省港大
罷工」，填海計劃因而受
到影響。郭春秧面臨龐大
的資金壓力，最終在苦撐
下完成了填海造地計劃，
原來的精製糖廠和港口建
設計劃卻泡湯了。郭春

秧便改為興建住宅，建了老一輩口中的「四十間」房間，春秧街一帶自
此成為福建移民聚居的中心，春秧街因而別稱「小福建」（十一劃生，
2015；唐敏明，2011）。

春秧街作為在港福建人聚居的主要地點之一，有些福建人即使不住在北
角，仍然基於各種原因到訪這裏。他們會在街上買福建的食物，參與同
鄉會的活動，與親朋戚友敘舊聊家常。

除了福建食物和閩南話，春秧街也有不少東南亞的店舖，成為不少東南
亞裔社群的聚腳處。

草根魅力

在春秧街，每天都能看見不同背景的人群穿梭於此。他們的文化背景不同（印尼、外籍、上海人、福建人），從事的工作不同（豬肉檔販、清潔工人、拾紙皮的長者），年齡也不同。因應他們的不同需要，春秧街街市才會演變成今天雜亂無章、百花齊放的模樣。

後來，實驗員以圖畫表達春秧街，都不約而同地用上豐富的色彩，展現他們對春秧街的印象——「多元」。此地之亂，其實是一種人文風景的體現，展示出街道和社區的包容性。春秧街的日常、經濟、社交等活動相當豐富，不同舖頭通過各自的招牌來彰顯個性，藉特色貨物吸引顧客。多元化的場所讓市民不論背景、目的、身分仍能和平共處。眾人的故事和思緒於此處相互交錯，群眾的活力，鬧市的動感，一切包羅萬有地交織而形成了草根魅力。此乃春秧街獨有的凌亂美。

* * * * * * * * * *

春秧街關鍵詞

實驗員把對春秧街的印象通通寫出來後，發現以下文字出現的次數最多：人（22）；多（18）；街（18）；坐（16）；電車（13）。這些關鍵詞指出春秧街的一大特色：熱鬧繁華，同時也自在悠閒。

電車

我們不妨從「電車」開始。

在不少街坊心目中，春秧街的風景不能沒有電車路。

叮叮。

一列電車在繁忙的街市中央駛過，路上的途人從容不迫地避開電車。突然，電車停了下來，電車司機離開了電車——原來路軌上有紙箱。只見司機從容不迫地搬走紙箱，似是習以為常地返回車廂，繼續旅程。

像這樣有電車穿梭的露天街市，在香港是十分罕見的。有人認為她有泰國美功鐵道市集（Maeklong Railway Market）的影子。這個神奇畫面始於一九五三年，當時的電車終點從銅鑼灣延伸到北角，然而由於主要幹道英皇道過窄，電車公司便把鐵路鋪設在鄰近的支道，即北角道和春秧街。北角電車總站就坐落於春秧街尾。

「如果不畫電車，就沒有春秧街的特色了。」
「當你坐電車經過街道時，人們一下子就散開，畫面很有趣。如果用圖畫表達，就如一塊小石頭跌落水面，水花四濺，車經過後就如水面回復平靜。」

每當叮叮聲傳來，電車不徐不疾地駛進春秧街，與行人擦身而過。有人覺得這是人車爭路，十分危險；也有人認為這是人車共融，靈活使用路面空間。無論如何，電車已成為春秧街的一部分，那永遠從容的車速化為這個地方的節奏，與這個社區的生活融為一體。

這裏人車雖多，卻總像電車那樣從容不迫，悠然自若。

坐

春秧街有份慢活感，走在其中自然會想「坐」下來。

實驗室團隊發現，春秧街與平常不一樣，人不單會聚集在街頭街尾，也會待在街的中間，或在樹下，或在橋下，或在亭下，或在別人的店旁，散佈在全街的遮蔭地方。

「伯伯，你為甚麼會坐在這裏呢？」實驗員向其中一位伯伯搭話。他坐在小孩子尺寸的粉紅摺椅上，位於街道中央的吉舖外面。「你這張椅子是自己帶來的嗎？」實驗員繼續問。「是老闆娘為我們準備的。」伯伯指了指不遠處的排檔，那邊也有一些人坐著家居椅子。

攀談下去，才知道原來有位好心的老闆娘，不忍心看到長者爭不到公共空間的座位，便從家裏帶來一些椅子，讓想停留的街坊和長者可以稍稍歇息。無獨有偶，春秧街各處都有這樣讓街坊休息的地方，除了公共空間配置的座椅，街坊也會自帶椅子在聚集地休息閒聊，他們安然地坐上了自家椅子、人家椅子、無名氏椅子、天橋的樓梯、短石柱、自製的亭。

這些街坊自製的休息點，體現出居民對鄰里的愛護，反映了他們對這個地方的歸屬感。以藍天為屋頂，以大廈為牆壁，街坊合力將春秧街打造成「社區客廳」，放下城市人各自為政的自我保護意識，在公共空間裏「坐」著、「聊」著，營造出令人舒適的休閒氛圍。

人、多、街

春秧街上總是人頭攢動。

除了住在這裏的街坊，或在這裏工作的商販以

外，春秧街上也有不少遊客流連，他們慕名而來，短暫地成為街道的用家。春秧街之所以能夠吸引人到此一遊，電車穿梭其中的獨特街景自然應記一功：很多電車愛好者、龍友會專程到訪；電影、電視劇也不時在此取景；更有情侶在這裏拍婚紗照——不失為一個富香港特色的攝影處。

春秧街的特色卻不只有電車。在香港街頭，很多時候走累了，未必找到一個地方，可以放下心來坐著休息，不用花費甚麼。即使找著了座位，又會發現周圍的人同樣虎視眈眈，誰斗膽多坐一會，便在眾目睽睽之下如坐針氈。而春秧街是一朵奇葩，街頭巷尾，椅子散佈四方，像在邀請途人停下腳步，隨便挑一張來稍作休息。

當你坐下，靜心留意街上人流來往，在你眼前將會是一幅春秧街景圖：有些人用方言聊天，有些和街舖老闆「講價」，有些匆匆走過，有些躲在

一旁靜靜吸煙;林林種種的貨物,不時駛過的電車,潮濕的柏油路面。「人」、「多」、「街」——這個眾多元素混雜的空間是街坊的生活場所,是遊客記憶中充滿鄉情色彩的一隅,更是屬於我們每一位城市用家的共有財(the commons)。

＊ ＊ ＊ ＊ ＊ ＊ ＊ ＊ ＊

春秧街的味道地圖

街市百味

實驗員讓街坊做心理感知地圖(mental map),把他們對春秧街的印象具現化,結果顯示「積水」和「氣味」是最常出現的元素。

親身到訪之後,實驗員也同意——這條街的味道的確很重。那是一股難以言喻的味道,混合了街市的濕氣、蔬果、豆腐、海味、香料等食材的氣味。根據北角販商協會主席黃偉泉(人稱泉哥)的說法,原來春秧街街市是一個「半乾半濕」的街市,一邊賣乾貨,一邊賣濕貨,故而又稱為「陰陽街」(Discover Hong Kong, 2020)。

此外,春秧街街市進駐了福建、上海、東南亞等各地小食店,有「晉江」、「廈門」和「石獅」,像雞卷、肉燕、福建炸物等來自不同地方的特色食品。實驗員甚至留意到一些外籍傭工會跨區到這裏購物,所以街市的價錢牌都是中英對照的。在異鄉(香港)購買來自家鄉的食材,享用故鄉美食,鼻腔內充滿熟悉的氣味,對很多外籍人士而言,春秧街的味道能夠慰藉心靈,是讓人共鳴、令人眷戀的味道。

地方粘性

春秧街街市有近百年歷史,不少老店也營業超過四十年。這樣的老舖承

載了不止一代人的文化、回憶和歷史，亦積累濃厚的人情味。舖主與顧客之間大多互相認識，做買賣時不免會寒暄問暖，「吹幾句水」、「八幾下卦」。店舖與熟客，生出穩定而緊密的鄰里關係，形成了地方的「粘性」，即使一些老主顧搬離北角，仍不時回來購物，有些甚至每週定期「回鄉探親」。

市集對社區的作用便在乎此：透過買賣的行為，人與人互相交流，慢慢建立起信任，熟客自然對老舖的商品特別放心，商販也樂意做這些回頭客的生意。對於一些人而言，春秧街是他們的回憶之地。他們會回到春秧街重溫過去時光，對此地懷抱特殊的歸屬感。

千絲萬縷的關係匯聚一處，令春秧街的粘性愈來愈強。這個地方早已超越單純的商業空間。人情味讓這條街道不止於交易場所，它同時是社交活動的地方，填補我們在城市對於情的渴求，甚至成為一些人與家鄉的接點，記憶延伸的載體。

變與不變

在浩大歷史的巨輪下，街道有變，有不變。

街道變闊了，變乾淨了。新的店舖輪流轉，貨物種類變得更多，新舊商販之間卻好像沒以往那般交流頻繁。

也有未曾改變的事物：從上一代承傳下來的理髮店，幾十載的菜舖、攤檔、乾貨店，這些老舖都是老樣子。還有春秧街的老招牌：萬千寵愛的電車亦沒有改變。它仍是那麼優哉游哉，日復日響起「叮叮」聲，以同樣的速度穿過市集和人群。

北角近年急速發展，海旁將連同灣仔海濱長廊發展為海濱公園。從商業

角度來看，春秋街一帶有很大的發展潛力，稱得上是好事。但社區面貌想必隨著發展轉變，倘若這條街的「味道」因而不再如此濃重，會是好事？壞事？

* * * * * * * * *

街道價值——市井之美

都市實驗室，是尋回街道價值的一場實驗。

一般想到濕漉漉的街市，或許跟美感八竿子打不著。實驗團隊卻發現，春秋街原來是一個很美的地方。它的美麗源於順應逆境及挑戰而生的智慧與策略，扎根於草根謀生市井的生命力。街上的店舖多數經由舖主改造，為顧客和行人騰出閒聊的空間。每天在特定時段，各個攤檔紛紛擴張自己的領域，在街上擺放發泡膠箱、貨架或遮陽傘等雜物「霸位」。這些檔販各出奇招，對空間部署頗有心得，自成風格。另一邊廂，街上的路人也不會因空間被侵佔而抗議，默許一切發生。店舖內外的「設計」反映出獨特的街道文化，乍看雜亂無章，實則亂中有序。在檔販、街坊及所有道路使用者的共識下，街道空間根據默認的使用方式和配置規則如常運作，發展一套有生命力的社區公民約章。這個畫面所呈現的是平凡無奇卻生機勃勃的市井之美。

春秋街的凌亂、閒靜、味道……這條街就像巨大的器皿，把來回春秋街的人們，把情懷與羈絆，把回憶與期盼，全部攪拌在其中。這樣的一個器皿擁有無可取替的價值。

實驗團隊尋獲的這些「松果」，證明城市不僅有發展經濟、追求效率的功能，這個地方也具有一些額外的更曖昧、更人性化的潛在質素。假若我們仔細觀察，或許就能發現：踏破鐵鞋無覓處，原來情一直在身邊。

實驗四：
社區藝術館 地上執到寶

春秧百物圖

歡迎來到社區藝術館。

這裏收藏著春秧街林林總總的物件。

這些物品看似平常，原來背後隱藏著不少故事。當我們換一個角度去想像——一個橙、一塊紙皮都變得很有趣！

橙

橙，春秧街有成千上萬個橙，究竟這個橙和那個橙有甚麼分別呢？

「喂！點解你喺上面嘅？」

「因為我靚仔。」

一堆來自同樣產地，由同一個紙箱出來的橙，卻各有截然不同的待遇，當中涉及等級分類和階級主義。來到春秧街，他們扮演著不同的角色。主要的群體當然屬於商品一族，水果檔店員將一個個橙堆放舖面，在由籃子、紙箱疊起的貨格上樹立起價錢牌，明目張膽地公開他們的身價，把他們赤裸裸地暴露於眾人的目光之下。另一族是貢品，他們被放在舖頭內的高處，與神明為伍，通常他們是樣貌最出眾、外表最光鮮亮麗的一群，先天的優勢與後天的幸運令他們有幸臣服在神主牌的腳下，居高臨下，俯視眾生。你問如此天差地別的命運是否全靠皮囊？只有天知道皮下的果肉是鮮甜多汁，還是乾燥無味！

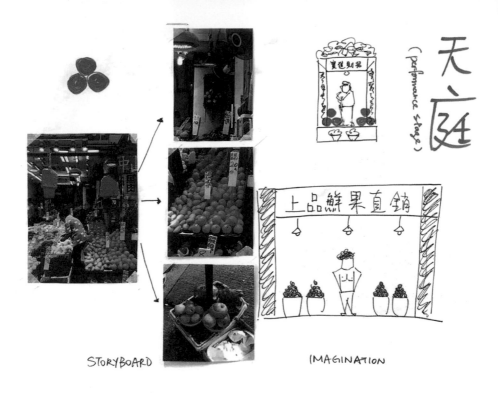

STORYBOARD

IMAGINATION

對於水果檔的檔主,將水果擺放在神主台之上都是希望神明能保佑他的生意興隆,順順利利,期望來來往往的商品保持良好的質素,令客人安心。作為貢品的橙被寄予厚望,代表著無數檔主對貨物和生意的執著,而作為商品的橙是客人和水果檔之間一場明碼實價的交易,一買一賣建立起買賣雙方的互信,維持春秧街街市的流動,老闆對生意的渴望,使他不惜獻上貢品,祈求神明的保佑。

以橙的兩種身分串連,春秧街就如天庭一樣,檔主好像受天神與神仙們差遣,與客人分享橙的滋味。當檔主將橙奉獻給神明,神明就能在天庭與眾神享用貢品,而檔主將橙賣給客人,也能給春秧街街市的客人品嚐。以放在舖面的橙作為點綴,水果檔是檔主的舞台,而春秧街便是他的表演場地,就如神主台上的神站立在貢品之中,成為眾人的焦點。

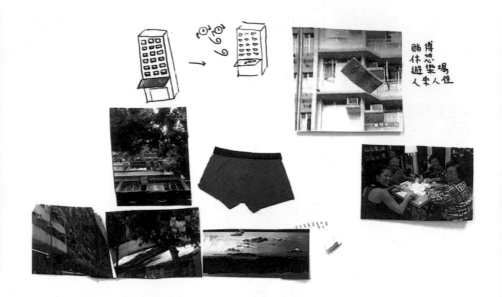

紅色內褲

春秩街有幾間售賣衣物的攤檔，見到內衣褲應是平平無奇的事情。不過，一條由高處飄飄然落到商舖帳篷上的紅色內褲，卻引起實驗員的遐想。

且不說這條內褲從何處飄落，單憑其奪目的紅色，腦海中已浮現出一位希望透過穿紅內褲而帶來好運的中年阿叔。因為紅色，自古象徵喜慶、如意、吉祥。不少人會穿上紅色內褲，希望能為自己帶來好運。尤其是一些好賭人士，更視之為必要裝備，如此方能「逢賭必贏」。所以，這位中年阿叔可能是個賭場失意的賭客，希望借紅色內褲帶來一些賭運。看來春秩街對他來說是一個娛樂場所，他的主要娛樂項目都在此進行，故此實驗團隊才能有幸見到他不慎跌落街的紅色內褲，一窺其中奧秘。

除了中年阿叔，春秩街又會是多少人的娛樂場所呢？走過街上時未必就能一眼見到他們，但若是仔細探索，就可能會透過蛛絲馬跡發現他們娛

樂時留下的痕跡。

只可惜，屋漏偏逢連夜雨，可能是晾衫時的一時疏漏，這條為主人帶來好運的紅色內褲不幸吹落於商舖帳篷上，多數是撿不回來了。不止賭場失意，連生活瑣事都困擾著這位中年阿叔，看來春秧街對他而言是一個傷心之地。

除了中年阿叔，春秧街又會是多少人的傷心地呢？當許多人流連於春秧街的時候，是否有那麼一班居民，想搬離春秧街，但卻因為能力有限而受困於春秧街呢？他們過著潦倒失意的生活，唯一寄託是買一條紅噹噹的內褲，盼望內褲的顏色給他們帶來一絲好運。哪料到，這條內褲在陰差陽錯下，居然成為了春秧街一道「紅花綠葉」的獨特風景⋯⋯

發泡膠箱

在春秧街隨處可見的發泡膠箱，有著不同的用途，例如作為搬運工具、儲存容器、陳列裝置、垃圾桶等。下午時分，不少發泡膠箱被商舖主人作為「霸位石」置於道路側面，以此彰顯他們對這些空間的擁有權。旁人可以經過或者短暫停留，但一旦他人霸佔或使用過多空間而令商舖主人感受到威脅時，就會被主人驅趕。

對商舖主人而言，春秧街是他們的工作臺，而那些發泡膠箱是工作臺上各式各樣的工具。這些工具因應商舖主人的不同需要，擔當不同的角色。初來報到時，它們作為儲存盒將不同貨品運到商舖內，打開之後就作為陳列架展示各種新鮮的產品，按照主人的需要，被堆砌成不同的形狀和高度，以配合店舖內其餘的擺設。發泡膠箱的數量之多，一旦老化，就會轉化為垃圾桶，繼續為主人工作。即使商舖主人離開，這些臺面上的工具仍彰顯著主人對這張工作臺的擁有權，起到「霸位石」的作用。看來，發泡膠箱是商舖主人在春秧街打拼時不可或缺的重要伙伴。而春秧街作

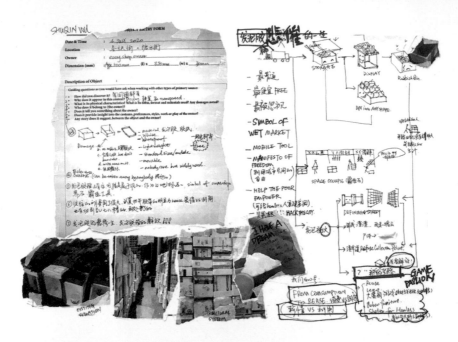

為工作臺，也為主人伸張權利：他作為街道的一員，也有權使用和改造公共空間。

來到春秧街，我們看見街上車水馬龍，菜檔老闆和客人在身邊議價，砧板上的魚兒仍在躍動，而遠處的水果舖，一個蘋果被擠到地上，咯咯地滾了好幾圈。有時候一下子接收太多資訊，林林種種的景象充斥著我們的頭腦，令我們難以仔細觀察並感受一個地方，對春秧街的理解僅限於宏觀的印象。不過，倘若我們有時間去追索萬象背後千絲萬縷的故事，從街上的小物件開始細細品味，我們便能跳出固有角度，以全新的視野認識春秧街。

這個社區藝術館有各式各樣的藏品，等待我們逐個探索。我們在這裏「睹物思人」，繼而「思地」，不由得感受到春秧街上貨真價實的人地之情。

地方感，或許就是透過這樣的無數件藏品串連而成。

小結

不僅春秧街，城市的任一空間，都可以是社區藝術館。

無論是一根電燈柱，還是一片落葉，只要我們多加思索，便有可能
成為人與地之間的聯繫，化為供給「地方感」成長的養份。

從春秧街的露天街市可見，買賣空間在城市具獨特的粘性。這類場
所正正充斥著充滿記憶的物件，即使撇除其買賣功能，也會因為積
累下來的地方感而把用家留住，形成動人的人文風景。

露天街市為春秧街增添特色，而春秧街為北角這一區賦予獨特、無
形的價值。無數「街」和「市」交織在一起，城市——我們所知道
的「香港」，就是這樣拼湊而成。

以後我們走在街上時，不妨仿效小松隊，多留意身邊事物。請記得，
城市中有數不清的松果正待你收穫。

第三章
城隱於市

從上一章可見，城市的「街」和「市」在營造地方感的過程中佔據了獨特的地位，是人地關係不可或缺的要素。

來到這一章，我們承接上一章的發現，進一步探討這兩種空間對地方感的影響。先是擴展對這些空間的想像，再疏理其歷史文化脈絡，最後深入研究人在這個空間會發生的各種行為，透過三組實驗，我們嘗試解答一個問題：「街市」作為城市命脈，如何產生並改變我們的地方感？

實驗一：
街市街角狂想曲——我們心目中的理想城市是怎麼樣的？
實驗二：
為街市下一個註腳——在城市發展的歷史文化脈絡中，探索公共空間如何連結人和地。
實驗三：
由地鐵衝門到花墟管理——探索人與人在公共空間中如何交集。

實驗一：
街市街角狂想曲

「在城市中的街道必是至高無上。
它是城市的第一場所機構。」
—— 路易斯‧康，《街道是一個房間》（1971）

街道不只是人們經過的空間，也是社區的房間，奉獻給城市來作公共用途。春秧街對於不同群體而言，有著不同的意義。它可能是某些人的娛樂天地，又或是一個休息、工作地方，甚至是任何你能想像的場所。這一章，我們需要一些想像力，看看街道可以變成甚麼樣子。實驗團隊繼續劏拍香港藝術中心，讓實驗員組成四隊，從四個完全不同的方向想像春秧街：玩樂、休息、工作、未知，一起探索街道的可能性。

（一）玩樂組：春秧遊樂場

在熱鬧繁華的春秧街，充斥著喧鬧的聲音。
籃球場、旋轉木馬、過山車、激流泛舟、甚至是水族館，
應有盡有，目不暇給。
坐上驚心動魄的過山車，緩慢升上高處，急速俯衝而下，穿過河流，
水花四濺，嬉笑聲不絕，兩旁魚兒身影浮現，鱗片閃閃發亮。木馬
旋轉，兩眼對視，幸福瀰漫。孩子爭相攀爬箱子，鬥智鬥勇。
離別時間來臨，眾人難捨難離，眷戀不已，
紛紛相約再次重返故地。

試想想，春秧街街市那些喧囂熱鬧的車聲、叫賣聲、說話聲，跟遊樂園的聲音豈不是有幾分相似？

玩樂組的實驗員實在是一群童心未泯的傢伙。他們從春秧街的所見所聞
獲得靈感，想把各式各樣「吵鬧」的特質提煉為「玩樂」元素，讓春秧
街變成一條「好玩」的街道。為了打造屬於大眾的遊樂場，玩樂組繼續
拓展奇想，他們認為遊樂場必須具備四大基本功能：

一、「遊戲」

遊樂場當然把玩樂放在第一位。實驗員最初打算加設旋轉木馬、過山車
等機動設施，但這些設施在春秧街上未免有些格格不入。取而代之的是
一些較簡單的遊戲，不會佔據太多街道空間，大家又可以一起參與。

二、「運動」

運動算是最有益身心的遊戲了。如果像最初構想的拼貼畫那樣，把街道
變成「社區球場」，在市集中打波會是怎樣的體驗？不然把整條街變成
嬉水池，在炎炎夏日中玩水解暑，聽起來如何？實驗員其後想到大笑瑜
伽，這類運動不但能釋放壓力，強身健體，亦老少咸宜，是和親朋戚友
互動的好機會。玩樂組便把街頭街尾的閒置空間變成草坪，鼓勵人進行
大笑瑜伽及各種運動。

三、「休息」

玩久了就會累，實驗員很貼心地加入遮陽傘、發泡膠箱座椅——利用街
道已有的物件，轉化為遊樂場的「部件」。遊樂場還有小食檔和巨大的
銀幕，玩累了，便躺在沙發上，邊吃零食，邊看電影，說不盡的快活寫
意。如果有人想要私人空間，也可以到草地上的帳篷安心休息。

四、「社交」

遊樂場是最適合認識朋友的地方！就像小孩在公園結識很多玩伴，玩樂
組希望這些街上遊戲能夠創造溝通的契機，從而連結所有空間使用者。

來到這裏，好玩組發現了「玩」的精粹——人在遊樂場，不但為了玩樂，更是透過玩的過程，與其他人產生連結，留下美好回憶。獨樂樂不如眾樂樂，要是春秧街成為遊樂場，街坊、商販、路人，全部一起玩耍、分享、想像、聆聽，讓歡笑和正面情緒傳遞出去，社區便能保持活潑生氣。

為了增加互動的機會，實驗員專門設計了幾個遊樂設施：
一、估歌仔電話亭——利用不同年代的音樂，引發跨世代交流；
二、大木槌挑戰——設於天橋旁邊，吸引途人目光，炒熱氣氛；
三、我畫你猜——全是有關春秧街的謎語，誰最了解社區，誰就勝利。
（躍躍欲試的朋友可以上都市實驗室的網站試玩：
https://www.via-northpoint.hk/design-lab/ ）

遊樂場不單是用來玩的地方，一個空間也不會只有單一功能，而是藉著不同功能的重疊協作，營造出合適的環境和氣氛，滿足人的身心需要，把街道變得有趣，使社區重新充滿歡愉。玩樂組告訴我們，只要在公共空間花一些小心思，轉變一下思維角度，我們便能掙脫現實的枷鎖，實現天馬行空的想像。

（二）休息組：春秧街會所

要在春秧街此等市井之處，求一刻安寧實是奢侈。
想於此處偷得浮生半日閒，必須離地發夢：
故立春秧街會所，歡迎街坊入內偷閒。
會所設於大廈天台上，內布天台花園，街坊可入內逃離街上煩囂；
天台之間亦懸掛「天池」，供閒人半空暢泳，避開地上人流；
及吊高乾貨檔攤一層，以換取下層迴廊一條，供行人稍息片刻。

這組的念頭始於街上隨處可見的椅凳：位置固定的公共長凳、街坊自備的摺疊椅、自動或手推輪椅、發泡膠箱暫時充當的「凳」等等。椅凳之多，實驗員不由得質疑：這裏的人這麼想坐下休息，工作是否太辛苦？他們是否缺乏休息的空間，才會在街上加插這些椅子？

實驗員由此聯想到屋苑的私人會所。發展商營造這類空間，配以優雅的環境與各種休閒設施，以此緩解住戶的生活壓力，提升生活質素。休息組照本宣科，決定要為春秧街的使用者建立一個會所。無論揮汗如雨的商販、四處搬貨的搬運工人，抑或匆促走過的行人，這班頂著烈日忙碌的人們實在需要像會所那樣的空間，讓他們下班後可以透透氣，將疲勞解開，獎勵一下自己——「春秧街會所」就此誕生。

休息組的主旨是「公平」，和一般的私人會所不同，休息組設計的「春秧街會所」是屬於社區的「人人會所」，向所有人開放。他們主張會所裏享受到的待遇不應該是特定人群的專利，每個人都有權去放鬆，去舒展身心。實驗員選擇了糖水道天橋上蓋，這個地點既遠離混亂繁雜的路面，加上一點綠色點綴，便讓人感到寧靜安穩，更可在觀景台上一覽春秧街乃至維多利亞港一帶的海景。為了與海互相呼應，實驗員原本構想了一個大到能塞進遊艇的「天池」，但想要的設施太多，經過一番討論，「天池」縮小了規模，雖未能自由暢泳，卻也足夠供人浸腳有餘。在天池旁有沙灘椅供人躺下，誰都可以在此曬日光浴，睡午覺。

除了橋上，這個會所還一路延伸到橋下。從《共享 R.I.P.》可見，此處放置了各種座椅及充氣梳化，還移來了區內的樹木作隔音牆，創造安靜的環境，吸引使用者在此與親朋好友聊天說地，增進區內交流。樹牆的另一面，實驗員把發泡膠箱循環再造成一個色彩繽紛的置物架，正如日本車站中的儲物櫃。此外，休息組還安排了各式各樣的設施，如一人 K 房、桑拿房、果汁吧、社區農圃等。人人會所可謂應有盡有，一應俱全。

休息組不但設計了物理空間，他們考慮到會所的日常運作，還想出了一個手機應用程式——春秧街會所 App。這個春秧街會所 App 向所有人開放下載，秉持著資源共享的原則，分享三種主要資源：其一、租用 K 房、桑拿房、果汁吧、社區園圃等硬件設施；其二、交換社區情報，包括街坊見聞、活動資訊、當日菜價等；其三、調配人力資源——何來的人力資源？原來，使用者只有消費 App 內的印花，才能使用上述的資源，而這些印花是通過「貢獻社區」而累積的。比方說某家店的老闆修理了幾張公眾椅子，以此賺了數個印花，他可以把印花存起來，也可以用這些印花租借桑拿房幾小時。

印花在區內流通，形成類似時間銀行的互助系統，一來整理現有資源，方便分配，二來鼓勵人主動管理並保養公共設施，三來創立了春秧街專屬的貨幣，加強社區向心力，提升街道的「回頭率」，亦即社區粘性，一舉多得。

（三）工作組：春秧茶水間

陽光灑落，叮叮響起
又再揭開一天的序幕
鐵閘拉開，檔攤鋪陳
又再反覆每天的工作
一天過去，人潮散落
夕陽落下，一切如常
可是，誰又注意到
看似平凡的發泡膠箱
藏著每一個檔販不同的巧思
鋪內天花的那一片綠
隱約表達對環境的一絲渴求
只是夕陽落下，一切如常
在這街上的人也許早已習慣
習慣如鯽的人流，習慣環繞的喧鬧
習慣如火的烈日，習慣無止的疲憊
習慣咬緊牙關撐下去
而夕陽落下，一切如常
—《如常》

工作組的實驗員跟休息組的著眼點十分相似，他們都留意到春秧街上工作者的汗水與辛勞。然而，面對相同需要，兩組卻朝向截然不同的方向發展。休息組創造了完整多元的休閒會所，工作組則把春秧街定義為工作場所，只劃出了供人休息的茶水間。這一組的目的，是讓人感受到「小確幸」——一些隱藏在生活中而微不足道的幸福。

小確幸只會在平淡而不斷重複的日常出現，這是為甚麼實驗員為了暴曬於烈日之下的運輸工人和店舖檔主，想要在街上加入彩色特色遮蔭及灑水系統，在炎炎夏日送上一絲涼意。春秧街上彎身撿紙皮的長者，工作組為他們騰出個人休憩空間，擺放更多座椅，好使他們隨時坐下歇息。在實驗員眼中，家庭主婦也是工作族。她們要天天照顧孩子，買菜做飯，

為家庭打點大小二事，實驗員特地設置社區留言板，提供購物指南和樹洞服務，減輕她們的負擔。

針對不同工作族的需要，工作組逐一提出設計，透過一個又一個細微貼心的小確幸，營造出友善的工作環境。當人確認到幸福在身邊，在一成不變的工作之中嘗到新鮮感，他們便能尋回對生活的憧憬，重獲推動自己前進的力量。

如果說休息組的會所讓人放下繁瑣沉重的工作，全心投入休息時間；那麼工作組的茶水間便讓人忙裏偷閒，在片刻之間抖擻精神，繼續奮鬥。

收放自如

常言道：休息是為了走更長的路。停頓有時候能夠治癒心靈，讓人有機會去審視自我並周圍的事物，重新肯定工作的價值。《收放自如》中所描繪的工作空間，工作臺只佔據了很小的位置。相反，畫面有很多跟工作不相干的物件，例如：推滿書籍雜誌的書架、樂器、草地、零食等。工作組的實驗員推崇勞逸結合，他們認為透氣位是工作不可或缺的部分，這個透氣位可以是閱讀、音樂、睡眠、書籍、小食，讓人放鬆身心，達到「叉電」的效果，從而保持工作衝勁。

事實上，過去數十年，很多研究都指出「活動空間」對工作場所的重要性。工作以外的活動能夠激發打工仔的創意思維，提升工作的效率及投入程度（Alexandersson & Kalonaityte, 2018; Workspace Design & Build, 2016）。因此近年愈來愈多公司採取開放間隔，預留空間作休息室、咖啡吧等用途。其中，Google 便藉開放、隨機的工作環境鼓勵員工更多互動交流。位於紐約的 Google 總部，工作空間有設計原則一條：「任何地方都不能距離食物超過 150 英尺。」（Workspace Design & Build,

2016）餐廳、咖啡廳或自助餐廳，總有一個在你附近。員工在吃零食、聊天之際，更容易捕獲靈感，最終拿出更多成果。Google 還提倡好玩辦公室（playful office），比如在辦公室內加入真的叢林、沙灘排球場、攀岩牆、暗藏秘道的書櫃等，千奇百怪，最緊要有趣。

室內的工作需要各種元素調劑，戶外的工作同樣需要。但願春秧街的每一位工作者都像《春聲夢裏人》中那樣，於勞逸之間收放自如，快樂地工作。

（四）未知組：春秧奇妙世界

天神娜娜的蒞臨，
彷如天空上一道雲彩，
飄到喧鬧混亂的春秧街，
街市頓時變得七彩繽紛。
娜娜是精神支柱，
支撐著默默耕耘的檔販，
歷代堅持和年青的熱血，
成為北角聞名的風光。

未知組的切入角度十分嶄新。實驗員認識到春秧街的各種特質，觀察到這個地方與人無形的聯繫，他們看見街上的人堅守崗位，默默奉獻，即或不再住在春秧街，仍舊回到社區。未知組覺得這種若有若無的關係彷彿宗教信仰，好像有一隻看不見的手在春秧街上，支撐著勞勞碌碌的工作者，推動他們努力耕耘，為生活拼搏，活出春秧街的精神。

這個春秧街精神之化身,其名曰「NANA(娜娜)」──實驗員所給予的名字。娜娜女神負責守護這條街上的所有人,她讚賞刻苦勤奮的工作者,保佑他們風調雨順,叫春秧街欣欣向榮,繁華熱鬧。她處於圖中央,頭上環繞宗教畫中常見的光圈,身穿藍天般明媚的衣服。拼貼畫的下面以黑白為主調,漸漸過渡到畫面上方的彩色天空,意味娜娜的守護讓春秧街脫離過去的艱苦時光,逐漸步向五彩繽紛的輝煌未來。

春 · 韻

未知組的設計充斥著象徵符號和抽象意義。他們想像:娜娜女神持有四大「春·韻」──信任(Trust)、懷舊(Nostalgia)、平衡(Balance)和毅力(Perseverance)。這四方面在不同設計均有體現。

首先是天橋樓梯旁的「天秤燈桿」,它象徵春秧街街坊彼此信任,市集裏的買賣不會「呃秤」,檔主和客人共同擁護公平。接著,在天橋另一邊的特色牆,它是與行人互動的藝術裝置,目的是叫人重溫春秧街的歷史和文化,不讓特色慢慢消失。因此這裏擺放了來自五湖四海的家鄉菜餚,而七彩的玻璃牆身也暗示春秧街的多元混雜。至於天橋上蓋的空中花園,環境清幽,綠樹蔥蔥,橋下的小山坡,日間覆蓋來自陽光的七彩投影,夜間則有五彩繽紛的射燈照耀。這些美景提醒春秧街的工作族不能只顧忙碌,不時也要釋放心中壓力。惟有適當的休息放鬆才能走更長的路,持續春秧街精神。

未知組的娜娜女神聽起來有些「無厘頭」,卻確實地提出了一個新的觀點,使人打破原有認知的桎梏,重新發現春秧街的美好,有助重塑地方印象,梳理心中對地方的情感。正如宗教、傳統節日等文化要素對於地方營造常有正面作用,娜娜女神肯定了春秧街的市井之美,頌揚了這裏的草根魅力,她的降臨是實驗員對春秧街的祝福:即使每天營營役役,仍然不會失去獨特的文化特質,得著朝往未來的盼望。

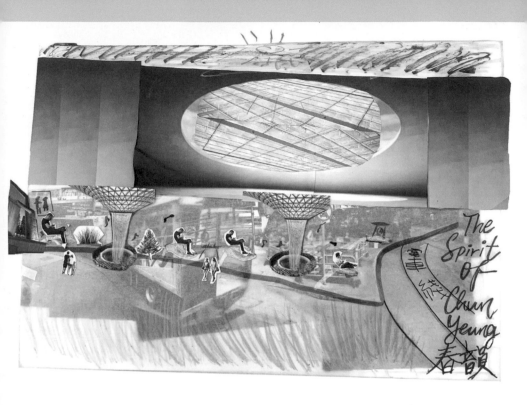

The Spirit of Chun Yeung 春韻

The Spirit of Chun Yeung 春韻

街市
的無限可能性

四個方向，四組實驗。

玩樂組把街市化作遊樂場；休息組建成了人人會所；工作組為勞苦工作的人們提供茶水間；未知組甚至「製造」了神明，讓春秧街染上強烈的宗教色彩。這些妙想天開的想像源自實驗員對春秧街的認識，都是基於春秧街已有的一些特質而產生的「夢」。

四組成員各自做夢。夢到春秧遊樂場的明白到孤掌難鳴，空間功能不能單獨存在，必須透過功能上的協同效應（synergy）而產生立體的空間體驗，如此才能連結老幼中青，散播正能量；春秧街會所的夢帶出了共管社區（co-management）、空間正義（spatial justice）等議題，探索資訊科技在轉化公共資源（public resources）為共有財上能否發揮關鍵作用；春秧茶水間是有點幸福的夢，說明設計擁有喚醒人心的力量，由外在影響內在；春秧奇妙世界最抽象，在夢中女神降臨，透過宗教文化凝聚社區，鼓勵社區參與，從精神面向詮釋空間。

截然不同的夢互相碰撞，發掘更多意想不同的觀點角度，組成更多可持續非折衷的點子，揭示更多街市對於社區營造的可能性。

原來，四個各有特色的夢，不過是另一個更宏大的夢的起點。

狂想曲臨到尾聲，一個問題油然而生：街市作為公共空間，在城市裏應

該擔當甚麼樣的角色？換句話說，我們對公共空間的期望究竟是甚麼？綜合四組設計的共同點，我們發現春秧街作為城市公共空間，使用者和設計者都抱持相似的願景。比如四組或多或少都提出可以共享資源的系統，包括以物易物、交換情報、技能互享等各種可能。系統旨在善用空間現有的資源，物盡其用，各出其力，各取所需，互相幫助。倘若行之有效，公共空間便能集中社區交流。加入系統的人愈多，時間愈長，社會資本累積愈多，也賦予公共空間更多價值。

公共空間亦往往成為文化的載體。正如娜娜女神的四大美德之一是「懷舊」，叫人不要遺忘春秧街的歷史與文化特色，公共空間的細節由使用者的生活經歷交織而成，能夠反映本地的生活面貌，凸顯人文風景的魅力與精彩之處。

持續而恆久的公眾參與也是四組設計的共同願景。休息組提倡共管的方式，讓街坊、商販、行人、遊客等空間使用者合作經營空間，維護共有

財。這些人一方面是共享系統的中流砥柱，能夠穩定並維持社區交流；另一方面，他們在長期參與的同時，漸漸成為最了解社區的一群人，其存在構成人文風景的一部分，繼續吸引人群。由此可見，公共資源的共管（co-manage）、共有（co-own）、共創（co-create）是成就城市願景的三大支柱。當人反覆履行公共空間使用者的權利與義務，實踐社區約章（social charter）時，便會強烈地意識到自己與公共空間的聯繫，亦即本書一直談論的人地關係。

有容乃大

概括而言，實驗員的願景包括可持續而緊密的社區關係，深厚豐富的人文環境，以及透過共管文化孕育出的公眾參與。建立人地關係應避免單純的由上而下，也不宜單方面考慮如何保留地方特色，而是藉著社區參與，各持份者通力協作，跳出「由上而下、由下而上」的二元框架。我們需要重新審視公共空間和公共資源的使用權，合力打造並維護可由公眾使用共有財的平台。這樣才能夠有機地轉化地方特色，激活現有的社區資本。

回顧歷史，街市作為公共空間彷彿承繼了市集（agora）於古代雅典的角色。縱然世界已是滄海桑田，政治、社會、科技各方面也不可同日而語，但人對公共空間的期望似乎萬變不離其宗。街市跟市集同為城市生活和社區空間的中心，為所有人提供聚會和娛樂的場所，忠實地回應使用者的希望、期盼和願景。這些地方自然地融入城市設計之中，擁有吸引人心的力量（有些會涉及宗教等文化元素），人在其中感到特別親切安心，因為那裏總是包羅萬有，無所不容 (Light, 2010)。

也正是這份寬大的肚量能容納無數千奇百怪、天馬行空的想像，為公共空間帶來無限可能性，又為我們的城市增添別樣樂趣。

實驗二：
為街市下一個註腳

城市是個多維的複合體，當中包含經濟屬性和很多其他屬性，而市場正正是包含了這些屬性的縮影。法國哲學家盧梭（Jean Jacques Rousseau, 1762）就曾經說過：房屋只構成鎮，市民才構成城。在城市中，人是很重要的元素，人與人之間的連結，也是城市組成的關鍵。上篇提到尋找地方價值的一系列實驗，以春秧街為試點，參加者重新感受一處地方。由春秧街推展我們的實驗，接下來的實驗仍然聚焦於市場。

一切由「市」開始

「市」是一個象形文字，最早的寫法是在描繪「一隻腳踏進荒野的十字路口」。古代的原始市場是設於村落之間的定期市集，後來才漸漸移到城內。不同的朝代有不同的市場形態，有時是一個區塊，有時是散落在街道之間的「街市」，有時也會因應當時的官府政策、時代背景、人民習性、氣候和城市形態（urban morphology）等而衍生各種市場類型（typology），仔細脈絡便不在此詳述了。簡而言之，「市」一直以來都是應運而生、自然而生，富有彈性和多元性。

在香港，街市之所以被稱為街市，是因為香港早年的傳統市場多設於街道旁邊。隨著經濟發展，城市肌理隨之改變，人們的生活模式也變得不一樣。超級市場在七十至八十年代出現並逐漸普及，改變了人們的日常生活習慣。買餸的地方不同了，客人與店舖商販的關係也變得不一樣。傳統街市漸漸和多數人的日常生活疏遠。現時很多街市已遷入政府管理

的室內地方，比如市政大樓、歷史建築等。此外，香港房屋委員會在興建公共房屋時亦會在部分屋邨興建街市。而少數發展商在興建私人屋苑時亦會興建街市，提供居民日常生活所需。所以，近年大家所去的街市，格局與原本的街市已相去甚遠。

時至今日，市場不但負擔起市民的飲食和日常用品所需，更能夠反映一個地區的文化特色。旅者行走於街市，便能感受當地人的普通生活。市場作為一個文化空間地，具備「地方、象徵與認同」的能力。日本築地市場在當地政府行銷與觀光化下，展現出「日本地道」的地方象徵；伊斯坦堡 Grand Bazaar 與 Spice Bazaar 承繼歷史脈絡，讓人們感受到「伊斯坦堡長久的歷史」和當地的宗教氛圍；台灣建國市場展現出華人傳統宗教信仰、民間習俗，以及當地人口的飲食轉變。香港各區的市場也各具特色。

當街市不只購物

香港街市遍地，食物環境衛生署管轄的公眾街市有 75 間，過百間私營街市，包括舊式屋村街市、商場街市、屋苑街市等等。街市看來間間相似，賣的不外乎菜、魚、肉等濕貨，或一些乾貨，但若加以觀察和探索，其實可找到富有特色甚至獨一無二的店舖。

春秧街便可找到不是隨處可見的福建菜館和土產；歷史悠久的海防道臨時街市，「臨時」了 39 年，也是全港最集中的清真肉類市場；屯門新墟街市，傳統餅店擺賣小蛋糕、椰撻、豬籠餅，還有各種裝在貼著手寫名字膠瓶裏的懷舊糖果；上水石湖墟街市，各種現代人少有聽聞的草藥植物，附送老檔主心得保健涼茶配方，還可找到過大禮時用上的「囍」字椰子；灣仔街市有新潮的沙律菜和各種有機食品；地區的小型街市會找到手巧的補衣師傅，坐在電風扇後織織復織織。這些畫面都是只屬於

該社區的特色,街市因地制宜,能解鄉愁,更好地服務街坊,也能成為地區的象徵,乃至成為香港多元文化的地方符號。

市民日常穿梭於市場,市場是人與人交流之地。提到街市,人們往往會想起人情味。經過日復日的交往,檔主與顧客之間大多會互相認識,除了做買賣之外亦會不時聊天互相問候,或就著食材侃侃而談。檔主甚至熟知街坊買食材的要求,為相熟顧客留菜,如此建立關係,經時日累積的人情味,令街市不單是交易的場所,也是街坊的社交場所。

有些街市提供充足的空間讓街坊閒聊,或在樹蔭下,或在長椅上,或歇腳,或「吹水」,就像前面提過的春秧街,還有石湖墟街市和保安道街市都有相似風景。母親們有時會交換情報,通報香港各大街市的特色貨

品，然後甚至會千里迢迢地跨區而來，到楊屋道街市購買海鮮，或去元朗街市買水果，或往九龍城街市買「明星街市」的優質牛肉、豬肉和雞蛋等。

廣東省華南理工大學的何志森博士跟 20 多名學生做了一場菜市場展覽，在三個月期間跟攤販一起生活工作，在貨品的背景下拍攝他們的雙手，也匯集不同檔攤所售賣的材料，做一碗粥。之後，攤販們開始交流了，人跟人開始互動了，就因為一碗粥。靠著街市，城市裏的互動變得像家常便飯般簡單。然而，在城市發展下，市民或更趨於乾淨明亮、舒服企理、琳瑯滿目、充滿國內外品牌的超級市場、連鎖店、便利店等，但對比起街市，這些新潮購物形式單一，商舖格局雷同，更遑論人與人之間的交流了。

某程度上，政府管理的室內街市及超級市場都是傳統街市在城市化、制度化過程下的衍生物，不過不少傳統街市依舊在運作，保留了一些社區特質。不同年代街市的並存在這個時空中，不同年代的人也折射出「街市」以至這個城市的不同面貌——街市充滿活力又複雜，是一個充滿趣味的地方，城市不也是一個人口稠密、多元、充滿活力的地方嗎？

回到實驗，我們換一個視角，在實驗中探索街市如何連結人和地，反思城市發展對人地關係的影響。

「街市不但是交易的地方，更是交流的地方。」

95

街市
與街市

大埔墟街市 VS 春秧街街市

大埔墟街市和春秧街街市是兩個完全不一樣的街市。大埔墟街市位於新界新市鎮,是由政府管理的室內市政街市;至於春秧街,相信讀者來到這裏,想必對之已有認識——它位於香港島北角,是名副其實的傳統「街市」。兩者的空間設計、社區環境、歷史背景也有很大的差異,值得我們深思。

大埔墟正如其名,是由市集墟市演化而成的社區。市集墟市是鄉村地區舉行周期性交易的地方,通常隔日或數日開市一次。而大埔墟是新界地區其中一個歷史最悠久的墟市,連結起周邊不同的村落及宗族社群。當初的市集逐漸演變為城市街道網絡,而大埔墟街市及熟食中心於二零一四年正式落成,當時有不少寶鄉街臨時街市的檔販及老商戶遷入。這些商戶是街坊食客的老相識,讓街市成為社區老街坊的聚腳點。同時,一些「名店」及熟食中心在社交媒體的宣傳下成為買餸和打卡熱點,吸引了不少街外客,令到大埔墟街市每日也擠滿了人,構建出一張張新舊交織的人地關係圖。

相較之下,北角春秧街則呈現出由大量移民人口遷入而帶動的城市發展。自民國時期到戰後,由於內地政局不穩,戰亂頻繁,不少民眾南下香港避難,當中不少閩籍人口聚居於北角一帶,同時為數不少的上海人亦聚居春秧街附近。雖然這一帶多是閩籍移民的聚居地,但多年來不同

籍貫的族群都在此交匯，形成獨特的社區面貌，也造就了春秋街自然而成的特質。沒有明顯的規劃，各式各樣的店舖及排檔交織在一起，甚至一幢簇新的酒店就這樣矗立於市井之中。各種元素交疊一起，正是街道的複雜性，構成了這個妙趣橫生、生氣勃勃的城市景象。

兩個「街市」，經歷截然不同的城市演變過程，各有其「粘性」。透過該地族群之間的結連，店舖檔販跟街坊的日常交流，這些鄰里關係把社區「粘」在一起。在更宏觀的視角下，公眾的目光將這些地區特質理解為「集體回憶」，一再探索及想像這些社區特質對於城市生活的意義。

長者眼中的街市 VS 學生眼中的街市

城市的發展模式造成街市之別，也造就世代之間的不同。

實驗團隊邀請了一班長者和大學生，讓他們互相合作，探索大埔墟街市和春秧街街市，就此思考街市在香港未來的可能性。訪問之下，才發現兩代對街市的印象竟然大相逕庭……

認識程度之別

實驗團隊發現，長者大多對街市的認識較全面，他們知道不同的街市，熟悉街市結構，對貨品種類也如數家珍。學生對街市只停留在印象層面，因為他們不常到訪，缺乏親身經驗；即使到街市購物，通常只會光顧一兩間固定的店舖，達成目的便離去。右頁分別是長者和學生畫的街市印象圖，可以明確看見左邊（長者）的畫面更豐富多元，右邊（學生）則多數是抽象的平面圖，顯示學生認為街市是一個買賣空間，而長者心中的街市不只是買賣空間，他們記得街市裏面的郵筒、遮陽傘、電車、膠箱、天台園圃，構成了立體的地方印象。

關注點之別

右頁的印象圖亦可見兩代關注點的分別。

老一輩著重的不只是街市的買賣功能，也包括社交功能、文化功能以及美觀性。有些長者喜歡舊街市的人情味，他們可以在街市「交流煮食心得，互相分享購物經驗」，認為「在街市學會傳統智慧的相傳，是書本沒有的知識」、「喜歡行街市，畫面很有趣」。

相反，有些學生反映「不喜歡街市檔販的差別待遇，比較喜歡超市的明碼實價」，他們注重單獨一人的購物體驗，認為「超市有冷氣，舒服一點，乾淨一點」，又表示「之前（街市）地下很濕，很少進去；裝修後，進去的次數多了。」「不太敢問街市檔販問題，反而在超市貨品上有充足說明，安心得多。」他們甚少在街市與人交流，反而傾向在網上購買指定食材，並在網絡平台分享煮食心得。

其實老一輩和新一代都能夠客觀認知街市，也認同街市具香港特色，是屬於香港人的集體回憶。兩代之間的差別很大程度在於生活習慣的差異。

學生大多學業繁忙，又有家人照料飲食，生活裏到街市購物的機會不多，他們對街市的印象源自家中的老一輩，也與主流媒體渲染的街市形象相符。反之，長者的第一身經驗較多，和街市的關係比較密切，他們見證城市發展，珍惜傳統街市所保留的粘性，尤其喜愛在這個空間建構交易以外的人際關係。

世代之別折射出複雜而多變的城市生活面貌。隨著城市發展，網絡時代來臨，新一代與老一輩的生活差距逐漸擴大。新一代善用科技處理生活瑣事，相對地減少了實際接觸公共空間的動機，只與街市維持一般功能性上的關係，跟社區的聯繫較弱。老一輩通常留戀舊日情懷，在工作前線上退下來後也有較多時間認識本土特色，修築社交關係，使他們對街市多了幾個維度的理解，也冀望街市能累積「社區資本」，滿足功能以外的需要。

在城市迅速改變之際，人們對公共空間的期望參差錯落，趨向多元。

街市該如何回應這些變化，饗應人們的願望？

點子實習場

實驗團隊集合長者和學生的點子，梳理出幾個可行的方向，讓街市迎合時代改變，滿足兩代的需要。

一、改善衛生環境

首先，街市必須是讓人舒適自在的空間。很多學生因為街市地面「濕漉漉」和隱隱約約傳來的臭氣而卻步，長者也承認街市的鼠患和垃圾問題很讓人頭痛。兩代一致認同，街市的第一大痛點是惡劣的衛生環境。如果能開發完善的垃圾收集系統，勤加清潔，或乾脆鼓勵檔販養貓，發展成「貓貓街市」，一來成為新賣點，二來能解決問題，何樂而不為？

除了衛生方面，長者也希望街市設置多些座椅，讓人買餸累了也可以隨時休息，營造年齡友善的環境。

優美的休憩空間也很重要，若街市與大自然融為一體，便能改善空間，提升使用者的身心健康。

二、傳承推廣飲食文化

街市是一個售賣食物的地方。民以食為天，香港引以為傲的飲食文化，可以透過街市傳承和推廣。

有參加者提議定期舉辦「買餸導賞團」，由師奶帶路，介紹各個檔販特色與划算的銷售活動，凸顯街市文化，強化社區連結。有些想到「明星廚房」，邀請本地名人和專業人士宣傳當地名物、本月時令食譜等，既有噱頭，又能配合街市食材，刺激銷情。

傳統文化也需要一些突破框框的點子，既可吸引新的客源，又可帶出街市與本地飲食文化相關的美好特質。

三、加入新元素

街市絕非一個單純的買賣空間，它可以提供不同服務滿足多元的需要，舉辦好玩又有創意的活動，吸引人流，促進交流。

舉例來說，街市可以預留一些「吉舖」，每月以不同主題招來臨時租戶，保持新鮮感之餘，又有一定空間可輪流讓社區人士使用，讓社區更活躍，增強凝聚力。不少學生建議加入藝術元素，例如在店舖鐵閘塗鴉，在各處放置社區藝術品，製造打卡位，在保留街市功能的範圍下發展成本地旅遊景點。又或者在街市中加設共享設施如生活用品共享站、資訊共享站、共享工作坊空間等，令街市成為共享社區資源的基地，提升區內互相照顧的意識。

城市不會只有單一樣式，而是受許多因素和力量推動發展而成。當城市的步伐太過急速，社區的面貌和人地關係也會轉瞬即逝，人的心趕不上物理變化，無法在社區空間創造有意義的記憶，使地方慢慢失去粘性。

倘若街市能作為社區樞紐，在保留現有文化的同時，隨著時代更迭演變成新的形態，在不斷更新中回應一代又一代的期望，那麼這個新舊交織的空間將能夠跨越時間，成為人和過去、未來、社區的連接點。

實驗三：
由地鐵衝門到花墟管理

來到本章的最後一個實驗。

實驗團隊請來了城市研究系學生介紹實驗。她將以第一人稱的角度，講述她對公共空間中「自發管理」機制的觀察，而她又如何插足這個機制，參與並改變公共空間。

* * * * *

每當乘搭地鐵，總會遇上衝門狂人。但這次筆者遇上的是一個例外……

這種情況發生在一個非繁忙時段的月台上，在列車與月台之間，一輛列車駛到，幕門和車門隨即開啟，筆者目睹一個身影從後方飛奔到面前，他的腳步馬上要踏進車箱了。瞬間，他停下腳步，並向後走回到原來隊伍的位置。這有趣又不可思議的瞬間，觸發筆者的思緒：究竟是甚麼阻止了他的魯莽行為？是心血來潮的公德心嗎？那又有甚麼觸動了他的公德心呢？

當筆者回想起當時的情景，腦海的畫面回帶到他在衝門之際，旁人都凝視著他，尤其是那些被插隊的人和準備要離開車廂的人 —— 與他有衝突的人，都緊盯著他。根據社會學家高夫曼（Erving Goffman）有關在公共場所的行為理論，公然且固定的凝視代表有不妥當的事發生，而這一種異常的視線正表達了凝視者對於衝門者的指控，雙方眼神交匯的一剎

那，衝門者意識到自己的行為有損他人利益，觸動了他的公德心，終止了他的魯莽舉動，使月台和車廂之間回復秩序。

公共空間需要自發管理

眼神交流就是一種自發管理（self-organization）的行為，衝突藉著瞬間的眼神交流被化解，當中的人用自身的能力——視線——去表達自己的意見和態度，透過眼神交流向對方表達並接收對方的資訊。而這種交流是人們自發並全憑自身力量去改變，而非由其他擁有權力的組織（如警察和車站職員）去幫忙調停。反思城市研究學者普賽爾（Mark Purcell）對於自發管理的定義，自發管理是一種由人民主導、擁護民主的行為，當中每個人都只代表自己，而象徵該空間權力的機構則擔起保護其機制的角色。在月台示例中可見，凝視者和衝門者透過眼神交流，達成共識，這正是無形的自發管理，維持了月台與車廂之間的秩序。

公共空間製造自發管理

公共空間的開放性是其一大特性，開放的空間讓公眾共用和共有，公眾在這個空間能互相看見，大家都會互相觀察各自的行為，因此也影響人們的行為舉止。美國城市研究作家、記者珍·雅各（Jane Jacobs）在《偉大城市的誕生與衰亡：美國都市街道生活的啟發》（*The Death and Life of Great American Cities*）中提及「街道凝視」（eyes on the street），講述了公眾在公共空間的作用和必要性，因在意公眾的目光（那怕是無心的），人們意識到自己的行為。這種被凝視的環境，有助公共空間的管理。如同在月台上，我們的行為無形間受旁人監督，公共空間的開放性、共用共有等特性，讓我們主動去管理、關心和維護一個地方，同時我們也學習管理自身行為、察言觀色、待人接物，在群體中發展出一種無形的公民約章，有機地衍生出一種（甚至多種）社會規範。

公共空間的不同條件會誘發並呈現出不同的自發管理方式。不同空間的功能、使用者、設計等等都不同，可以是涉及幾個人或幾個團體，如月台與列車之間牽涉到候車者和即將下車的乘客，人的流動造成了空間使用上的衝突，而空間設計則能夠左右人在其中的心理和行為，空間和使用者相互影響。月台上有不同指示（如黃線、箭嘴、標語等）維持候車人士的秩序，幕門和車門的開關次序也暗示了兩方的走位，空間設計能無形中產生出「預想」的秩序，有助自發管理的發生。

這個小小的日常生活示例揭示出每個人在公共空間具有自發管理的能力，也發現空間設計對自發管理具有輔助作用。若想進一步理解公共空間與自發管理的關係，我們不得不深入去探索一個自發管理的例子，剖析當中的人與物，理解當中的秩序。花墟就是接下來的主角，筆者將會帶大家到花墟探索一番：從街上的物件、物件與空間的聯繫、人與地方的互動，理解亂中有序的花墟，重組市場的自發管理機制。

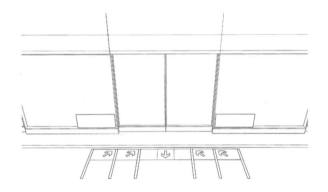

喺花墟，植物大晒

位於太子的花墟是一個自發管理的鮮花市場，她並非政府規劃而成，而是經長年一個又一個花商聚集形成。植物肆無忌憚地擠擁在路上，店面、

行人路和馬路之間界線變得模糊，工作的人、生活的人和賞花的人都順著植物擺放的位置在街道上來回走動，呈現出行人路和車道的融合，造成了香港獨一無二的街景。植物的位置打破原有秩序，由店面延伸至馬路，店內大大小小的物件都走上街頭，散落一地，其中隱藏了花店店主的巧思，各種物件可以滿足花店不同的需要，為植物創造不一樣的觀賞或買賣空間。

在平凡的一天，筆者到繁忙的花墟逛逛，在街上記錄了四十多件物件，它們包括一些籃子、手推車、塑膠桶，有輕巧的物品，有體積小的，有帶車輪的，它們總能在街上找到屬於自己的位置，善於融入群體之中，匿藏在花海之下。但仔細一想，你會發現它們尋常中的不尋常：哪有滿載花卉的手推車擺放在路中央？在路旁怎會放著幾個膠箱？還有店員怎麼會在街道上摺疊桌旁修剪花朵？到底看似尋常的事怎樣造就獨有的街道文化？或許這些踩界行為、非常理的地貌可以為我們提供線索：容許

貨車不作運輸工具，反而佔據街道成為「永久」的商品陳列架；容許手推車以各種姿態躺在路上，曬日光浴；容許你跟我沿著馬路賞花遊園。

每一件物件本不屬於街道的一部分，但它們在街道上不單有某種作用，更具特別意義。從它們的形體看來，他們或是體積細小，或是重量輕巧，或是帶輪，這些特質使它們能被輕易移動，店員可以靈活地佈置理想的陳列空間。功能上，他們有些用作展示農產品，有些是用來存放用具和貨品，有些是作運輸用途，有些則形成了店員工作或休息的地方。另外，物件的延伸功能可謂超越常理（明明該四處奔波的貨車被當作大型展示架，長時間停駛），甚至有一些物件並無實際功能，就只是被隨意地放在路上，那麼它們在這個地方沒有意義嗎？不！它們任務重大，就是為店舖「霸位」，自製「私家」上落貨區！不論物件的原本用途是甚麼，大小樣式是怎樣，在路上都有「霸位」、「界石」的作用。物件的存在象徵了空間的擁有權，一件物件佔有空間，當它被放在地上，周邊的空間彷彿被「私有化」，成為物件主人的所有物。正如人只會在自己的地方擺放私人物件一樣；反過來，擺放私人物件也成為了宣示「擁有權」的確實行動。對花店而言，以物件「霸位」能製造出有限度、有條件的「私人空間」，成為延伸店舖範圍的「策略（strategy）」和「戰術

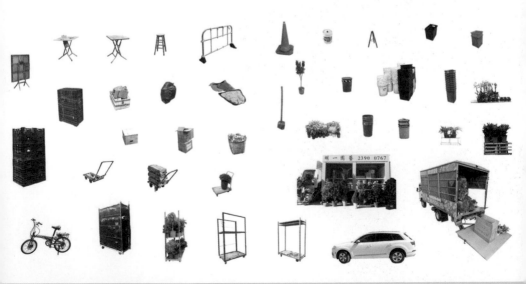

（tactic）」（Certeau, 1984），體現空間政治，探索「共用共有」的可能。這些半私有、半公共的空間成為花店的日常工作場所，因此街道上出現一個又一個整齊有序的「小花園」、護理植物的「小圃圃」。

我擁有我店前的土地

其實花店也不至於要私有化店舖前的行人路和車路，這種「擁有權」近乎於月租車位，街道上的物件如同地上的黃色標示，表明空間已被佔有，但實際上空間還是開放的，歡迎路人經過和短暫停留，包容無傷大雅的事情。可是，一旦路人的行為損害到擁有者的利益，如過分佔用空間和打擾花店的運作，就很可能被停止並被趕走。雖然多半花店都沒有付所謂的「月租」或得到正式允許使用該地段，但店舖的延伸卻沒有造成社

區人士、住戶的強烈反應。這種店舖和道路使用者的攻防戰為甚麼會來得異常平靜？花店在背後又是否做了些「不可告人」的事情來達到目的？

依筆者觀察，這種「太平」也不是絕對的：有時，氣氛可以在瞬間緊張起來，而局勢又會突然回復平靜。途人大多欣賞店舖細心「經營」的花園、圃圃，就算不是顧客，也都會放慢腳步、立足觀賞，彷彿花店全為了花墟這個小社區而打造了鳥語花香的社區花園，為遊人提供絕佳的步行體驗。這些

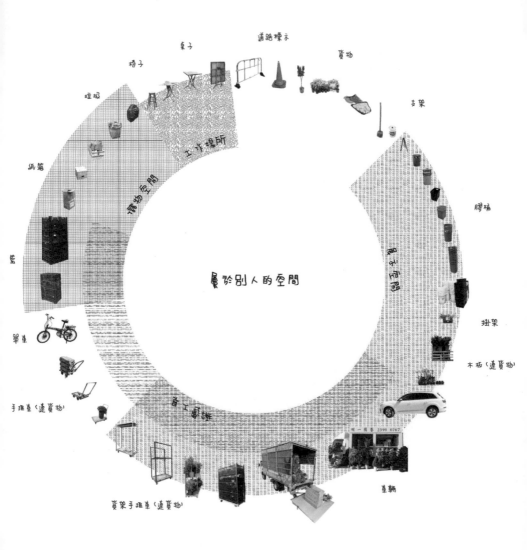

道路標示
桌子
椅子
貨物
垃圾
支架
紙箱
工作場所
膠桶
籃
掛架
單車
木板（運貨物）
手推車（運貨物）
貨架手推車（運貨物）
車輛

屬於別人的空間

現場空間

舖頭空間

員工單搬

路上的物件

111

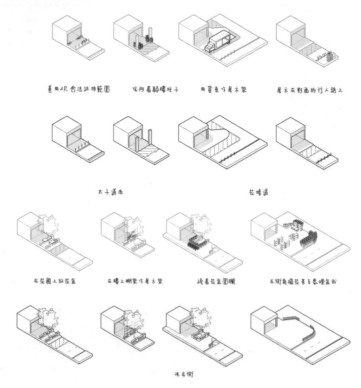

善用以各法延附範圍　　在河看騎樓位子　　用貨車作屏示架　　屏示在對面的行人路上

太子道面　　　　　　花磚道

在花圍上放花盆　　在牆上棚架作屏示架　　靠著花盆圍欄　　在街角擺花善至處理盆栽

進名樹

意外的「服務」可能就是花店的秘技，向社區借用公共空間而得的「銀子」。

花墟是引人入勝、具生命力的社區。若果你有半天或一整天的空閒時間，又想不到可以做甚麼，筆者建議你過來這個社區，觀察花墟的一天。這裏的每個角落、每個時分、每張臉孔也充滿驚喜！

花墟的工作分為不同時段，早晨時分最是忙碌，一輛又一輛大貨車由街角轉入街巷，停泊在路上。貨櫃門一開，運貨工人將載有植物的手推車和紙皮箱堆在地上，再沿著馬路送到每一間花店，善用平坦的瀝青路面

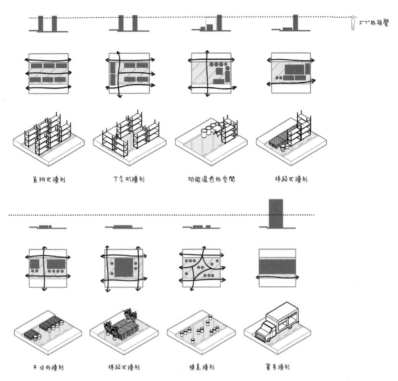

迅速地分發貨物。當花店收到初來報道的植物，有些會直接在路邊進行修剪、換盆的工序。整理完畢後，一些盆栽會被留在店舖內，其他則被放置在路旁，等待小型貨車司機來店領取，並將盆栽送到客人手上。花店迎來新盆栽的同時，也要送走失去市場價值而不再展示的植物。一些幸運的花朵會被放置在垃圾收集站前，擁有最後一次被選擇帶走的機會；若沒有被選上，經過無了期的等待，他們會被送往堆填區。運送過程中產生的紙皮箱造就了花墟內回收紙皮作業的活動，一方將紙皮箱帶到街上，另一方則將完成任務的空箱「收集」、「肢解」，加以處理，為將廢紙皮帶離花墟作準備，抹消它們在街上的存在痕跡。早晨的花墟沒有一處閒置空間，街上的每個角落都用以勾畫出一條完美的路線，將鮮花帶來花墟再送往屬於他們的歸宿，形成日常的循環。

晚間的花墟是安靜的，從早上的繁忙擠擁來到晚上的寂靜整齊，在路上展示的花卉、植物又何去何從呢？失去了途人、顧客和店員的目光，花墟的主角又陷入怎樣的處境？每間花店都有自己一套策略，估計和店主對社區的信任程度和他們的自身經歷有關。少數不放心的店舖選擇二十四小時全日經營來看守他們的「花園」，也有店舖選擇議員工充當「保安」在晚間看守貨物。其餘大部分的花店都用黑色布網包裹街上的盆栽——有些緊貼著店面擺放，一些則依靠在街上的欄杆，或是在路中央成為「花島」。在寂靜的晚上，艷麗的花朵隱藏於黑暗之中，安靜地等待黎明到來。

花墟是這樣煉成的

花墟的日常需要管理來維持秩序，經長年累月的碰撞、磨合和嘗試，店主們、各社區持份者和居民開發出了一套有機的自發管理機制——花店希望做好生意，將已有的空間和資源作最大化使用，同時透過共享、共用公共空間建立群體之間的秩序，進一步將公共資源槓桿化（leverage），從中獲得額外的效益。花墟的「他」們——花、植物、車、店員、顧客、途人、居民，甚至是道路的執法人員——的日常互動構成了仿如大自然的生態系統，讓「花」和「墟」並存。在探索共管的道路上，各店舖運用自我能力和創意達到銷售目的，也透過各種空間策略互動、溝通並適應，發展出檔販之間無形的社會約章，造就了以集體取代個人的智慧型管理方式（smart governance）。當然，這種「由下而上」的機制必須集天時（政策）、地利（城市規劃設計）、人和（執行）的配合而成：容忍舖面延伸三尺的政策、寬闊的行人路、交通的設計、垃圾收集站的規劃、無阻隔的路面設計、獨有的節日寬限和彈性的市場規範。這些「由上而下」的配置成為了自發管理的推手、護航員，讓持份者創造屬於自己的地方，創造大家的花墟。

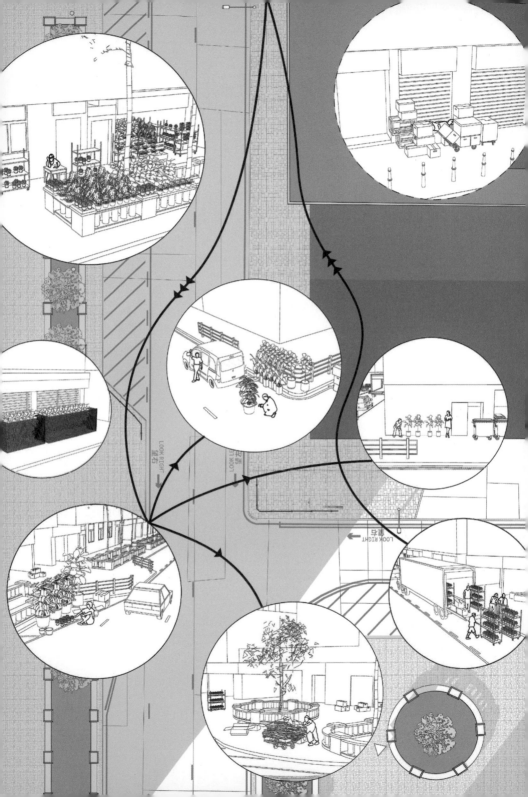

LOOK RIGHT 望右

LOOK LEFT

LOOK RIGHT 望右

創造
屬於自己的花墟

如果敘事者是花墟街頭的物件，它們會怎樣講述花墟的故事呢？物件是人與空間互動的工具、媒體，那些故事內容都是人與人之間的協作和妥協，有些持份者獲益，有些持份者容忍，有些持份者不在意，有些持份者「隻眼開隻眼閉」，最終達致空間使用的平衡，變成今天的花墟。

花墟有甚麼可能性？花墟還可以有多大的包容性？花墟的灰色地帶是否容許我們實現對街道的想像、憧憬和願望？又能否激發更多變化？

實驗的念頭漸漸冒出：「我都想喺條街道製造屬於自己嘅地方」。

實驗目的：考驗花墟的秩序，製造各種「不尋常」，以不同方法「入侵／干預（intervent）」花墟，在街上尋找並創造屬於實驗員（筆者）的位置和空間。

入門級干預

為了打破筆者與街道之間的隔膜，先來熱熱身！讓我們由淺入深地認識和熟絡這條街道，逐步找出令人感到舒適自在的位置。

實驗一：呆坐

日期：2021 年 2 月 16 日（二）

時間：下午 3 時 15 分至 5 時 30 分

（2 小時 15 分鐘）

佔用空間：

0.6 x 0.6 米（不包含社交距離）

實驗結果：

1、對面的花店店員前來關心，送給實驗員一杯水

2、大部分途人都會瞥實驗員一眼，露出不解的神情

實驗二：帶凳仔去畫畫

除了坐著，還可以做甚麼？實驗員選擇了畫畫，因為畫畫可以使人專注於自身的活動當中，減少與街道上其他人的接觸，完全投入自己的世界。

日期：2021 年 2 月 18 日（四）

時間：下午 3 時 45 分至 5 時 30 分

（1 小時 45 分鐘）

佔用空間：

0.6 x 1.2 米（不包含社交距離）

實驗結果：

有別於第一次的經驗，途人會因為好奇而走近，但他們會因望見實驗員的行為而找到答案，他們表示理解，然後離開。

實驗三：與朋友一起去睇書

今次不只一個實驗員流浪街頭！筆者邀
請朋友一起，讓她也嘗試在街上做不
尋常的事，建立「自己」的空間。

日期：2021 年 2 月 20 日（六）

時間：下午 3 時 20 分至 5 時

（1 小時 40 分鐘）

佔用空間：

0.6 x 0.6 米 x 2 人

（不包含社交距離）

實驗結果：

沒有特別的體驗（估計原因：行為較為平常）

實驗四： 慶祝生日

有朋友，就可以一起做些更瘋狂的事！實驗員決定
在花墟慶祝生日，在花海中吃生日蛋糕和唱生日
歌（其實沒有人生日喔！）。

日期：2021 年 2 月 22 日（一）

時間：下午 3 時 50 分至 4 時 30 分

（40 分鐘）

佔用空間：2 x 0.8 米

（不包含社交距離）

實驗結果：

1、對面的花店店員主動和實驗員聊
天，更替實驗團隊拍照

2、店員表示「只要你做自己覺得有意義
嘅事就喺邊都得。」

3、多數途人表現出負面的神情（可能與在街上脫
下口罩進食有關／表示不解）

我要創造我的地頭！

熱身完畢，實驗員決定「得寸進尺」，不再停留在原來供人歇息的地方，進一步走到街上製造屬於自己的地方。

實驗五：坐喺路面畫畫

實驗員選擇霸佔行人路的中心，觀察行人與自己之間的互動。

日期：2021年3月5日（五）

時間：下午3時20分至4時35分

（1小時15分鐘）

佔用空間：0.9 x 0.9米（地墊大小）

實驗結果：

1、不少途人駐足觀望

2、有途人主動與實驗員聊天

實驗六：馬路上都可以畫

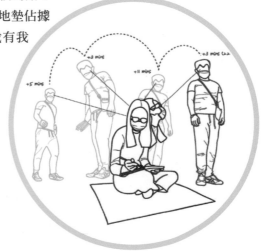

行人路並非終極目標，實驗員要霸佔馬路！參考在馬路擺賣的花店，實驗員用地墊佔據了一塊地。「他有他經營生意，我有我繼續畫畫。」

日期：2021年3月7日（日）

時間：下午4時5分至5時15分

（1小時10分鐘）

佔用空間：1.5 x 1.5米

（地墊大小連個人物品）

實驗結果：

1、得到花店店員關心

2、不少途人駐足下來觀望

實驗七：馬路上玩大富翁

這是最有趣的一次，實驗員要在花墟
當「大富翁」。

日期：2021 年 3 月 8 日（一）

時間：下午 1 時 40 分至 3 時 15
分（1 小時 35 分鐘）

佔用空間：1.8 x 1.8 米

（地墊大小）

實驗結果：

1、不少途人駐足觀看（普遍是長者）

2、對面的花店店員主動關心遊戲的戰況

實驗八：埋嚟投個票

怎會只有實驗員單獨玩耍？今次實驗員做
了一個有關蛋撻的街頭訪問，讓路過
的人一起討論蛋撻的議題。（花店
店主覺得最有趣的一次）

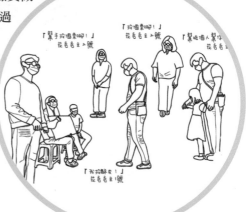

日期：2021 年 3 月 11 日（四）

時間：下午 3 時 30 分至 5 時

（1 小時 30 分鐘）

佔用空間：1.8 x 1.8 米

（以顏色膠紙標記）

實驗結果：

1、不少途人參與投票

2、對面的花店店員邀請他們的客人來投票

實驗九：同花店做咗鄰居

最後一次，實驗員決心獨自面對，挑戰在
花墟的馬路上獨坐。

日期： 2021 年 3 月 13 日（六）

時間： 上午 10 時 45 分至下午 4 時
50 分（約 6 小時）

佔用空間： 1.8 x 1.8 米

實驗結果：

1、不同的途人停留，甚至坐下與實驗
員交流

2、店主不斷關心實驗員，例如主動借廁所、
幫忙拍照、幫忙掃地、請食蛋撻、關心飲食需要等

* * * * *

九次實驗逐漸建立實驗員和花墟的關係。透過不同形式的入侵干預，跟
路人互動，與花店店主相處，筆者逐漸在這裏找到安穩和舒適感。花店
店主與筆者之間私人空間的距離，每一次都在拉近，相互的接受程度也
愈來愈高。每一次活動都帶來不一樣的體驗和衝擊，例如：在花墟慶祝
生日、吃蛋糕的那一次，附近的花店店員參與度很高，進入筆者的「私
人空間」與實驗團隊交談；後來在道路上的行動可說是一次又一次挑戰
花店店主的底線，可幸每一次的相處都能建立筆者與花店的互信，也在
互相理解的過程中找到共存的方式，共同地使用這個空間。

途人的回饋

從實驗一到實驗八，都是筆者為最後一次實驗的鋪排，讓筆者作好心理

準備：獨自在花墟度過半天的時間。這六小時的體驗也成為面對最多變數、經歷最多事情的一次實驗，也是首次遇上正面衝突，須面對不同取態、不同想法的社區持份者。筆者的行為為街道帶來衝擊，過程中得到各種回饋，包括十八組主動與我交流的途人們。其中，十六組認同我的行為和為此感興趣，另有兩組不認同此實驗。有趣之處在於他們怎樣以行為、言語和距離回應筆者的行動，反映出他們的內心世界。

衝突：「你當呢度你屋企？」

兩組不認同這實驗的途人包括一名推著手推車、進行日常採購的中年女士和一對六十多歲的夫婦。他們質疑：

1、筆者的實驗阻礙花店的生意和泊車，他們認為筆者應離開，才不會打擾原來的用途（筆者回應：我會適時讓路）
2、阻礙其他道路市民使用街道（筆者回應：我只是與花店做出同樣的行為）
3、他們緊接著質疑筆者的行動是「跟隨他人一起犯法」
4、其中一組市民表達筆者坐在馬路上看書是犯法的，質問筆者：「既然這樣你為何不打開家門給外人坐？」

解讀：在公共空間 何為適合？

1、這是有關公共空間和私人地方的行為差異，估計不認同實驗的那組市民把「坐在路上看書」定義為只能在私人地方（即是他所提及「我的住所」）進行的行為。
2、那組市民以「為何不把家門打開給外人坐」作例子，說明公共空間跟私人地方的功能分別：就如私人地方不作公共用途，公共空間也不應作私人用途。

雖然他丟下這話便走了，沒有直接說明這話背後的含意，但也打開了關於「何為適合在公共空間進行的行為」這個值得深思的議題。面對衝突，筆者沒有反駁，也沒有作出更大的爭論，一律以沉默來回避正面的衝突，作出如實的記錄來完成實驗。

疑問：「坐下來能做甚麼？」

不少途人被紙牌上「隨便坐」三字所吸引，又搞不清背後的目的，於是他們以各種形態停下與筆者交談：站著低下頭、站著彎下腰、蹲著、跪著、坐著。他們也因著各種的理由停下腳步：走到累了就坐下歇一歇、感到有趣或疑惑就蹲下來問一問、帶著小孩的就讓小孩趴下玩一玩、站在街上等人悶極了就坐下聊一聊……

多數途人都是帶著善意來對待此「街頭實驗」，有人問「為甚麼要坐在道路上」，也有些人問「坐下來能做甚麼」。這些因各種因素駐步的途人成為了實驗的一部分，他們的反應為解開「為甚麼（why）」這問題提供了線索。透過和途人之間的討論，筆者開始發掘出更多街道使用的可能性，相互激發對繁忙街道的想像，讓我反思在「公共空間」能一起做些甚麼、聊些甚麼、建立些甚麼……

有一次與兩名坐下的女士聊起街道上的設施規劃，一名途人頗有同感，並停下來表達她的想法：這邊加一排椅子、那邊加幾把太陽傘。她繪形繪色地描述著幻想中的街道，跟筆者分享那個屬於她的理想公共空間。這種對公共空間的夢想拉近了人與人、人和地方的關係。因為想像，我們開始對這地方產生憧憬；亦因著想像，我們擁抱這地方、珍惜鄰里——社區營造也不過是由如絲一般的「憧憬」開始。

反思：「重新共享公共空間」

用地墊劃出「屬於我」的地方這行為，在一般大眾的眼中是一件非常自私的行為。不過，若地墊上也有標示「隨便坐」的標語，讀者又會有甚麼看法？公共空間理應是與公眾分享，以地墊劃出地方的舉動不是想佔領空間成為私人地方，而是讓行車道路「重新分享給」公眾的一個小實驗。城市空間應怎樣劃分私人和公共、車路和行人路的邊界呢？就物理和法律層面而言，這界線是絕對的二元對立、非黑即白，但是否還有其他的可能呢？

途人對實驗缺乏關注的原因各有不同：可能是這「即興創作（improvisation）」的空間沒有滿足到他的需要；又或是實驗缺乏「合法性（legitimacy）」而引起途人的質疑、疑慮；又可能是單純沒有停下來而已。其實，或許以上都不是真正的原因。在我們之間有肉眼不可

見的界線將彼此分割，把空間割裂；公共空間始終被視為政府管理的「公共資源（public asset）」，而非屬於所有人共享、共有、共管的「共有財」。也許，這是筆者的異想天開，只是觸不著地的幻想。這實驗為了測試空間、認知、心理的隔閡而設計，是模糊「界線」的策略。

對話可以打破分隔您我的「界線」，可算是最俗套但又很奏效的工具。每當有途人向筆者攀談，便是打開話匣子的契機，在思想層面上讓「您」「我」互動，開始放下自我防護意識。從一問一答，到意見交流，甚至產生共感，溝通打破了人與人之間的界線，建立「鄰里」「社區」的意識。

陌生而熟悉的關係

在實驗的過程，途人的互動雖多，卻不如預期般頻繁，反而花店員工和筆者接觸更密切。最後四次的實驗選址在不同店舖前方的公共空間，恰巧這些店舖都屬於同一位店主。俗語說「不打不成相識」，每一次「打擾」彷彿令陌生的雙方相互認識更深。由最初只是默默地觀察對方，思

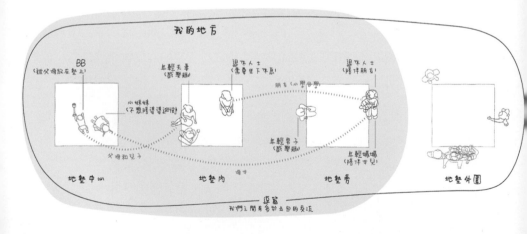

我與途人的距離

前想後才勉強地展開了一兩句對答；到實驗後期，疏遠的關係被拉近，更有店舖員工主動關心，熱情招待。這過程和結果都是意想之外的，花店店員的態度和行為變化既是實驗的成果，同時也有助於筆者鼓起勇氣，挑戰在街道上獨處。

坐在路邊街角，人流熙攘。雖然從最初就已作好心理準備面對「獨處」的考驗，但那個不可預知、無法掌握的內心總叫筆者忐忑不安。面對途人的目光、陌生的言語，最初有些無所適從，不懂得應對也不知如何自處。人在陌生的環境裏會努力尋找熟悉的空間線索（spatial cue），倚靠內在條件來適應改變，緩和緊張的心情。筆者曾嘗試透過素描來集中專注力在筆尖上，分散緊張的意識；筆者也試過邀請好友一起參與「實驗」，營造熟悉的氛圍；甚至主動跟途人對話，希望讓自己成為社區的一員。在眾多的嘗試之中，和花店員工之間的互動給予筆者最正面的迴響，持續推動這實驗。

因為實驗會為花店營運帶來不便，原以為店員是這些行動的最大阻力，

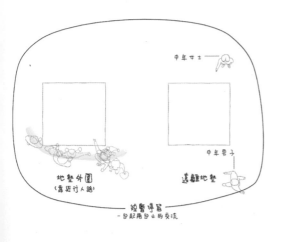

127

最終他們反而成為了實驗的推手，對行動表示肯定，這是始料不及的「現象」。這讓筆者更加相信是次實驗是可行且有建設性的，它能幫助人建立並發展鄰里關係，甚至解決空間上的衝突。店員們也讓筆者更深入地了解花墟，相信自己在街上作「異常行為」不再是格格不入，而是有所「作為」。

這是一段陌生而熟悉的關係。

我們本是互不相識的陌路人，筆者的「介入 (intervention)」理應會造成衝突，但挑起的漣漪很快就被平息，沒有激起更大的浪花。時間和空間好像施行了魔法，讓突兀的「我」變得平常，讓雙方適應變化，達成一個平衡狀態 (equilibrium)。雖然這一切都只是限於主觀的體驗，店員也不過是恰巧出現在現場的「旁觀者」和「陪伴者」，但出於自身的感受體會，還需要多少考證才可以登上大雅之堂，以確定關係的存在？鄰里關係往往在無言的曖昧之中發展，就在我們身邊等待人們發現。

雖然不知道對方姓甚名誰，亦沒有聯絡方式，更談不上了解其為人如何，「我」和「你」不過是萍水相逢的陌路人，我們的關係如幻似真，似有若無，捉不著，摸不到。然而，我們的時空的確曾經交錯重疊，一起走過了、經歷了、奮鬥了人生的一小段路程。

這實驗讓筆者深刻反思「鄰」與「里」。

同路人的共鳴

「還會有下次嗎？」一位途人問。

因為害怕旁人的目光，當時筆者並未一口承諾再有下次的實驗；但這題問卻大大鼓勵了筆者。「是我的行動啟發了他嗎？」回想發起此次實驗的初心，源於對實踐自發管理的疑問——也許用「質疑」更貼切。這提問看似平常，再簡單不過，卻揭示了個人意識的醒覺，是內心呼喚的表徵。每個人都擁有與生俱來的權利和能力，可以改變周遭環境，改變自己的命運。這或許是出於理想主義者的「狂妄自大」，但也是必要的「忠言」。以公共空間為切入點，民眾以共創、共享、共管來將「公共」化為「共有」，該處變為屬於所有人的「地方」，揭示了永續社區的可能性。這個願景似遠還近，只在乎每個「我」的個體能否踏出第一步，成為我們的同路人，爭取心中的理想城市。

這個實驗為此提供了像燭光一樣的希望。

最後……

自發管理看似是一大課題，獨自行動亦需要勇氣，但即使只是一小步，也會帶來一些微小的影響和改變。若讀者都對某個地方感到好奇，不妨和筆者一起開始探索，從日常之中仔細觀察，發掘趣味。別過分猶豫，因為未知總是帶來驚喜——「你唔試過又點知！」

「你唔試過又點知？」

小結

我們從這幾個實驗了解到，春秧街街市的活力與趣味，背後隱藏著複雜的城市肌理。正因為城市是人口稠密而多元的複合體，「街市」這種買賣空間顯得尤其重要，體現了人與人、人與地之間的連結。而地方感就存在於無數連結在城市空間中彼此交織而成的獨特回憶之中。

隨著城市化，人地關係逐漸生疏。若想修復這種關係，每個用家的參與是必不可缺的。城市的公共空間便是共同管理、共同創造的最佳實驗場。透過公共空間的共享、共用、共管，參與者能夠發揮所長，盡力實踐個人意願，讓公共空間擁有更多可能。同時，他們也學習到與人合作溝通，在相處時建立互信，在磨合的過程中摸索出共存的方式，和諧地使用同一空間。

我們都擁有行使管理公共空間的權利。正如花墟的自發管理機制，即使再微不足道的行動，只要人人踏出一小步，對整個社區而言便前進了一大步。

第四章
重思生活 城市共居

人能否與地方建立緊密聯繫，視乎那個地方有沒有能與人真正共享的空間。這些共用空間成為人與人交集的媒介，空間的用家逐漸形成一個群體，藉空間締結關係，油然而生的歸屬感成為培養地方感的一大因素。

既然與人分享是培養地方感的關鍵，怎樣分享空間才具最大成效？

古人聚族而居，像香港的圍村那樣，一個家族住在一起，他們同甘共苦，彼此照顧，共度命運。分享居所體現出他們血濃於水的關係。在金錢掛帥的社會，住宅被視為商品，受限於單位大小、生活成本，人們難以繼續家族規模的集體生活，逐漸縮小成只有三至四人的核心家庭。從前的共居模式不再，各家自掃門前雪，彷彿一個又一個孤島飄流在名為城市的汪洋之中。

如果我們在城市重現「分享居所」的生活空間，這種住宅可否扭轉乾坤，替我們取回昔日的溫情？

所謂共居，是否足以牽起整個城市的改變，重新聯繫親人，甚至築起超越血緣的羈絆？

經過前兩章的八個實驗，我們來到最後的實驗 —— 我們將由建築設計著手，設計共居空間，重新思考居所應有的樣貌，描繪理想中的人地關係。

共居共生
的前世今生

和煦春日，桃花林後，迷途的漁人走著走著，來到了洞穴盡頭。等著他的是即將流芳百世的理想鄉——平坦寬廣的土地上，水井池塘，桑樹竹林，雞鳴狗吠之聲此起彼落，黃髮垂髫穿梭於屋舍農地之間，怡然自樂。這些人穿著整齊樸素，臉上表情從容安逸，不帶一絲陰霾……

或許因為陶淵明的《桃花源記》寫得太好太妙，傳統中國文人眼中的理想鄉，似乎從來跟煩囂的城市沾不上關係。放眼古今東西，「理想鄉」此概念擁有很多名字和面貌，卻不約而同地追求不拘老幼都健康快樂的生活環境，社會達至某種平衡和平的狀態。

而城市，把大量人口聚集在一起的生活空間，不但擁擠迫狹，節奏急速，還有政治經濟、社會文化等各方面糾結纏繞的複雜問題。上節筆者提到要重新分享「街道」這個公共空間，已產生出內心的不安。城市人的確「處於同一空間」，卻難以舒服自然地住在一起，像桃花源那般和諧安寧；更何況是分享住所——分享每個人最隱蔽的私密空間？

在城市中和諧共居，是否不切實際的幻想、天方夜譚？

500 年前的共居雛形

說到「共居」（co-living），最遠可追溯到 500 年前德國南部的奧格斯堡（Augsburg）。

十六世紀初，坐落在勒克河和韋爾塔赫河之間的奧格斯堡，在神聖羅馬帝國的統治下欣欣向榮，逐漸成為國際商業和經濟中心。正蓬勃發展的紡織品工業吸引大量工人遷入，觸發了房屋短缺的危機。當時家貲萬貫的銀行家雅各・福格靈機一動，在這座城市設立了全世界第一個社會住宅區，安置無法負擔高昂房租的低收入階層，為城市挽留足夠的勞動力。

整齊排列的紅瓦黃屋，每棟都是兩層建築，形式一樣的大門，造型相同的窗戶，形成重複的直巷。福格社區（Fuggerei）設計的一切皆為了最大限度地運用資源。住在這裏的居民不但都是低收入人士，他們還須篤信天主教，無債務纏身，受社會尊敬，以及住在奧格斯堡超過兩年。他們還有共同恪守的規則：每天必須為福格一家祈禱三遍，並在門禁前回家。社區在晚上10時便會鎖上大門，另支費用才能允許進出。除此以外，每位居民還須擔任一個崗位，例如定時看更、園丁跟接待等，為社區出一分力（Magazine & Billock, 2019）。

五百年後的今天，福格社區已是奧格斯堡引以為傲的景點。雖然經過多次擴張，區內增設了廣場、教堂和水井，那些紅頂屋子仍然維持原貌；社會環境縱然已桑海滄田，居民依然遵守著同樣的運行模式，對外的大門每晚準時鎖上，從不踰矩。

「住在這裏讓我安心。」定居了五年的居民如是說。古老的規條沒有使人卻步。居民自從搬進區內，便不用擔心經濟困難。省卻沉重的房租，生活的餘裕讓他們有權選擇更多，是從前的生活未嘗有的。即使身兼正職和社區服務，也不會對居民造成沉重負擔。嚴格遵守的門禁成為社區的保護屏，背景相似的居民相處和睦，共同維持這個歷史悠久而安靜的城市一隅。

福格社區不止是價格低廉的住房。它是社會住宅，更是寧靜安穩的家。

圖片來源：維基百科

共居三個特質 成城市生活出路

自工業革命以來，城市在科技發展下出現爆發性的人口增長，大概未來數十年也會繼續成長。根據聯合國的統計，城市人口在 1950 年僅佔世界的三分之一，卻在 2007/08 年超過一半。預計在 2050 年，全世界近七成的人都會住在城市地區（Department of Economic and Social Affairs, Population Division, UN, 2019）。

人愈來愈多，房屋供應卻未能追上人口增長。求過於供，結果是空間變得極為昂貴。以香港為首，紐約、東京、上海等國際大都市無一倖免，政府急於覓地發展，樓價一發不可收拾，石屎森林中高樓林立，密不透風。在龐大的生活壓力下，更多人選擇獨居，不願意組織家庭。在街上，他們甚少與鄰舍打招呼，只會低頭匆匆走過；在假日，他們寧願在家中

補眠，也不出門參加團體活動，喪失社區歸屬感。

作為世界最古老的社會住宅區，福格社區展現出共居的三個特質，為近代城市急速發展而產生的種種問題提供了出路：

一、在人口密集的城市，最大限度地利用資源，釋放更多生活空間；
二、在物價高昂、百物騰貴的城市，紓緩住客的經濟負擔，降低生活成本；
三、在人際關係疏離的城市，孕育人情味，減輕孤獨感。

共居確保居民擁有一定限度的私人生活空間，同時透過與鄰居分擔成本，讓他們能夠獲得更多的空間和更好的設施。分享的東西視每個羣體的需要而定，可以是廚房、工作室和飯堂等「奢侈空間」；烤箱、影印機、吸塵機械人等價格稍高的日常用品；甚至能夠批量購買食物雜貨。

一個人買下整套工具箱，一年卻用不著幾次，如此浪費，何不跟別人輪流使用一套呢？與其單獨承擔房租，為甚麼不跟別人合租，令租金減半？共享資源令生活更方便，也減少浪費而對環境造成的破壞。這個模式的經濟效益，對資助房屋的低收入階層尤其有幫助，例如 1937 年位於倫敦的工人住宅區 Kensal House，居民可享用社區中心、洗衣房、食堂、託兒所等社區服務（National Army Museum, 2013）。福格社區也規定居民履行一定職務，藉此節省了大量人事費用。人口老化漸趨嚴重的社會，共居也能紓緩照顧獨居長者的壓力，滿足長者身體、精神和社交上的需要，達致康健樂頤年，長遠可減少社會的醫療福利開支。

反璞歸真 重新連結人與地

共居不只能解決城市問題，它的真正潛力在於反璞歸真，追求更純樸的

一種生活方式。

當商業住宅主導市場，主流社會熱衷於物質上的消費買賣，「合作住宅」（cohousing）卻另闢蹊徑，以共居為核心，鼓勵居民相互溝通，相互協作，共同塑造生活環境，管理家園（LaFond, 2019）。透過共享資源，城市人得以掌握喪失已久的「城市權」（right to the city）以及「住宅權」（right to housing），重奪支配生活空間的權力。簡言而之，共居是一種機制，讓人不再視住宅為罐頭般完備的商品，而是應該攜手合作共建守護的家園。

作為社區的一分子，共居的參與者必須接受一些制約，以某些協議為前提過集體生活。這些條件雖然一定程度上約束了居民的自由，同時也保障了他們的利益，證明他們秉持共同理念。

相同的目標，合作的同伴，共用的空間。

屬於自己的「家」。

在意識到「這是我家」的那一刻，人與地再次在情感上連結起來。這一刻，人與地恢復了自古已有的關係，也成為所有人情味的契機。

人與地的健全形態應該是怎樣的？對於這個問題，可能永遠不會有一個放諸四海皆準的絕對答案。

然而，人與地組成的城市若要像「理想鄉」那般和諧安寧，我們便不能追求天秤般的靜態平衡。天秤僅有兩邊拉鋸，現實卻沒有那樣簡單。如同瑜伽的樹式，城市要不斷留心自己的「身體」，由頭至腳趾，每分每秒不斷地微調，才能保持平衡。若不是非常活躍和有意識，便無法維持「姿態」。

在城市人口仍然在不斷膨漲的世界，為了阻止人與地繼續疏遠下去，我們確實需要像共居那樣充滿潛力和彈性的生活方式，讓城市人不再只是「處於同一空間」，而能夠重新與人、與地更多地交集。

和諧共存，互利共生。「共居」不應是停留於桃花源的幻想。

現代建築 如何實現共居？

如何創造合適的物理空間，使共居變得可能？

自現代主義萌芽，「宜居城市」便成了城市規劃師和建築師孜孜不倦的熱門課題。

建築從來不是孤立的存在。每一棟建築，都是組成城市這個有機體的其中一個「分子」（田銀生，2000）。城市規劃通常主宰了建築的功能定位與形式尺度；反之，建築也會影響周圍以至更遙遠的城市空間，甚至支配人對空間的使用方式，主宰其生活方式。住宅是人的主要生活空間，住宅建築若與城市設計互相配合，便能提升居民全面的生活質素。

在 1930 年代，受到柯比意（Le Corbusier）影響，不少建築師因應社會改變，開始嘗試一種共享住房的形式，挑戰傳統以家庭為主的人際關係。首當其衝的有倫敦的 Isokon Flat，這座線條利落的現代建築為中產青年知識分子而建，既設有私人單位，也提供膳食、清潔等服務（Dorothea Ker, 2016; The Modern House, 2021）。

Isokon Flat 還有其他很多以後的建築作品，所標榜的是新型態的城市人類交誼：以沒有血緣關係的同居人，代替以往家族的社會功能。這些建築師企圖以建築設計發展出以社區為主的公共生活，建立前所未有的城市典範。

事至今日，共居已不算是嶄新的點子。即使在香港，近年也出現愈來愈多共居空間。然而，在社會結構與經濟模式的轉變下，全球各地的城市依然面臨各種各樣的房屋問題。人口老化、少子化、核心家庭、土地不足、房價高昂……住屋需求仍然在不斷變化。

為了滿足新的住屋需求，建築師從未停下他們的腳步。香港中文大學建築學院的「社區工作室（Studio Community）」，便站在這些巨人的肩膀上，一班建築系學生和筆者透過「共居房屋」的設計探索，嘗試改變傳統的住屋模式，重想生活的全新可能。

接下來，讓我們承繼自二十世紀以來建築師的野心，與他們一起逐步探索城市的「共居」之道，以設計重新解構社區與生活。

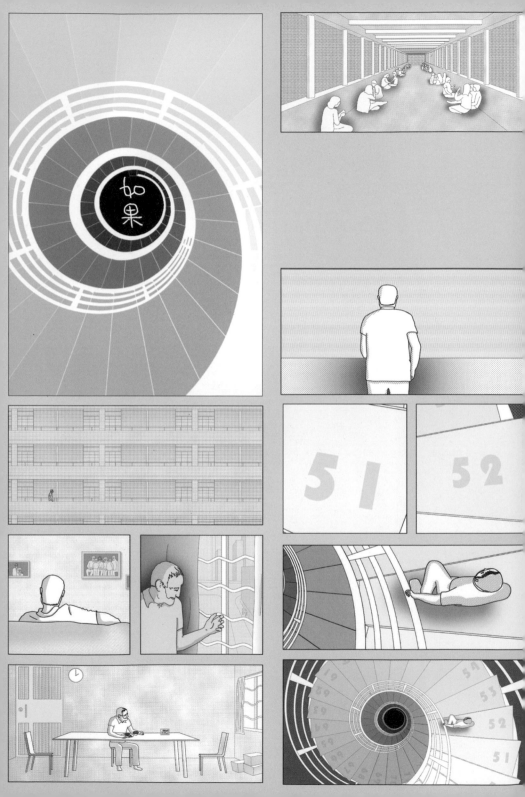

如果共居，
你想／理想……

石屎森林之中，單調重複的樓宇間隔，狹窄封閉的公共空間，一個又一個孤身隻影，在城市中遊蕩……

所謂城市，就是人工物的巨大集合體。街道上的一磚一瓦，一草一木，某程度上都經過人的思考、規劃和設計而成。

水能載舟，亦能覆舟。身在如此冷漠的不友善的設計之中，人難免感到孤獨和窒息。

如果城市設計者在規劃時不只著眼於功能效率；

如果我們考慮到人與人、甚至是人與地的關係；

如果城市的設計更加人性化；

如果是對人友善的設計，就能消除孤獨嗎？

設計師是否難辭其咎？

我們有機會挽回一切嗎？

用家參與設計 修補疏離關係

前面提到，在城市中，人與地的關係都愈來愈疏離。這種疏離不只牽涉到地方感和鄰里關係，更關乎城市設計者與用家的距離。尤其在香港，房屋設計必須符合政府的規範機制，專業人士與投資者主宰了整個空間的生成過程。真正的用家——實際在空間生活的人，他們在房屋售賣前根本無法進場，到了真正入住時卻米已成炊，可以變動的設計已經所剩無幾。

設計者愈缺乏跟用家溝通，對用家愈陌生，他們的設計就愈容易離地，不能貼合實際需要。反之，若用家有份參與設計過程，與設計者、投資者一同商議，用家的話語權得以傳釋，在日後便省卻許多不必要的改動和麻煩。用家的貼地想法，輔以設計者的專業知識，當設計者和用家重修歸好，設計便能成為人與地之間的橋樑。

早在 1915 年，城市規劃思想家帕特里克・格迪斯（Patrick Geddes）已在《城市的演化》（*Cities in Evolution*）中提出有關「自治社區」和「由下而上的社區規劃」的學說，為參與式設計奠定基礎。他認為城市規劃設計必須考慮當地居民的需求和意見，加入社會調查和公眾參與的元素。礙於政制發展，直至 70 年代，這個概念才透過社會運動真正的實現出來，在英國 Harlem 出現社區設計中心，而北歐則出現類似的設計方法，為了提升工作品質，讓勞工設計自己使用的工具。

半幢好房子 好過一幢小房子

踏入二十一世紀，參與式設計已被廣泛應用在各種設計領域之中，從工業設計、建築設計到軟體設計，例如法國斯特拉斯堡（Strasbourg）的 Eco-logis，這個項目的成功經驗被廣泛運用於社會房屋之中，以應對房

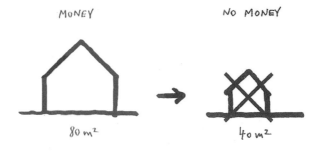

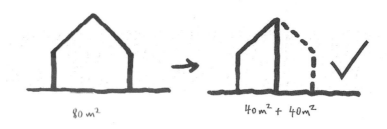

圖片來源：ELEMENTAL（Aravena Mori, 2016）

屋需求。這個方法沒有制定的模式，卻能幫助設計者釐清焦點與目標，發現使用者的定義和需求，找到正確的問題方向。二零一六年智利建築師亞歷杭德羅・阿拉維納（Alejandro Aravena）獲得普爾茲克獎，標誌著參與式設計時代的來臨。有建築界諾貝爾獎之稱的普爾茲克獎，全面肯定阿拉維納成立的建築設計所 ELEMENTAL，以及他們著名的「二分之一社會房屋計劃」（Half A House Project）。

「半幢好房子好過一幢小房子」（Half of a good house is better than a small house）——這個計劃透過只建半幢房子，減省一半的建築費用，令經費緊絀的社會房屋維持較高質素，大幅提升居民的生活水平。這個

145

主意巧妙地給予居民更多選擇：根據居民的投票，省下來的費用可以用來添置熱水爐等較高負擔的電器，或選址於較就腳方便的市區；餘下的半間房子，預留給居民自行擴建，一方面保障了居住空間的大小，改善社會房屋一向人滿為患的惡劣衛生環境，另一方面把加建的空間規格化，杜絕了由居民自主加建而生的安全問題。（Aravena Mori, 2016）

實地考察
- 施工期間到現場參觀
- 加深對項目的理解

立面工作坊
- 製作拼貼圖和畫
- 針對成本和外觀等因素達成共識

初期工作坊
- 指定委員會和負責人
- 詳細講解項目細節
- 投票決定：想要睡房還是設備？
  熱水器還是便利交通？

加建工作坊
- 設立規範
- 確保加建的結構安全
- 在專業人士監督下進行工程

共享空間工作坊
- 示範如何組織社區
- 把無人管的空間變成共享空間

圖片來源：姚子慰、鄧曉晴、林祥鈴、羅珮鏇

最為人稱道的是，ELEMENTAL 在建築的計劃和建造過程中實踐了社區營造（placemaking）。建築師舉辦了多個工作坊，從選址開始，經實地考察、立面設計、擴建規格，最後到公共空間管理，讓居民學習與鄰居攜手建立家園。在專業人士的引導下，這些工作坊把居民團結起來，產生對將來社區的期盼和歸屬感。房屋不再是單純的庇護所，它可以是擁

有者的資產，亦能夠成為居住者的社會資本。

圖片來源：姚子慰、鄧曉晴、林祥鈴、羅珮鏇

建築學生的共居設計初體驗

若要打造理想居所，居民的參與是不可缺少的。學院裏的工作室作為未來建築師的搖籃，絕不能只讓學生閉門造車地設計，因此「社區工作室」的主要目標也包括「參與式設計」（Participatory Design）。參考ELEMENTAL 的做法，學生必須走出象牙塔，由零開始舉辦互動工作坊，思考如何去接觸目標群體，利用小遊戲跟他們溝通，產生情感上的聯繫。學生平日慣於建築設計的操作，對於籌辦工作坊、互動遊戲等卻十分陌生。然而，設計思維的第一步往往是提出問題，藉此接近事情的本質。十多個年輕人一起仔細思量後，把工作坊的焦點放在以下幾個問題：

一、參加者的日常生活是怎麼樣的？

二、他們需要甚麼設施／空間？又想要甚麼設施／空間？

三、他們願意跟別人分享甚麼？

針對參加者，也即是十多個小松隊隊員，學生們設計了六個活動，希望從工作坊的參加者那裏找到答案：

活動一：我最需要的設施

目的：評估不同設施／空間的重要

→ 一共有 12 個設施／空間

→ 每位參加者手上有 20 票，並就每個設施的重要性投票

→ 每一項設施／空間，每人最多只能投 3 票

活動二：共用 VS 私人

目的：比較不同設施／空間可以分享的程度

→ 12 個設施／空間，每位參加者按照他們的意願，從最願意分享到最不願意分享，由左至右排列

活動三：退休三件事

目的：找出退休後的價值取向

→ 每位參加者需寫出最重視的三件事情

活動四：日常行程

目的：了解平常一天的行程和習慣

→ 以每小時為單位，參加者分享自己一天的日常行程，由起床到睡覺

活動五：理想・您想家居

目的：找出最理想家園的模樣。

→ 每位參加者從家居雜誌剪下圖片，拼貼出理想家居的模樣

→ 每人選出偏好的家居氛圍和色調

→ 每人設想在這個理想的家住了十年，家裏會有甚麼改變，並以紅色紙標示出來

活動六：有商有量

目的：模擬共同管理社區時所需的協商和妥協

→ 每位參加者選擇喜歡的活動卡

→ 一共有 3 種空間（私人、半私人、公共），同組的參與者要討論在甚麼空間分配甚麼活動，並達成組內共識

住屋的必需品：私隱的最後防線

「當然選睡房吧。不想被人打擾休息！」其中一名參加者這樣分享，道出了私人空間的必要。

睡房、廁所和浴室幾乎沒有懸念，在活動一佔據了最重要空間的榜首。這三個空間在其他活動也幾乎沒有懸念，早早被參加者定義為最私人的空間。

廁所和浴室關乎個人衛生，在疫情之下更加無人敢分享，而睡房則是每個人的堡壘。人是社交動物，有社交需要；也正因如此，人會在意他人目光，因為其他人的想法而不敢表露真實的自己。唯有安靜獨處的時候，我們才能稍微喘息，把面具裝甲卸下。在以共居著稱的房屋，若不保留私隱的最後防線，只會適得其反，惹人反感。一旦有了負面印象，很少人會願意繼續敞開心胸，與人交流了。

至於那條最後防線劃在哪裏？

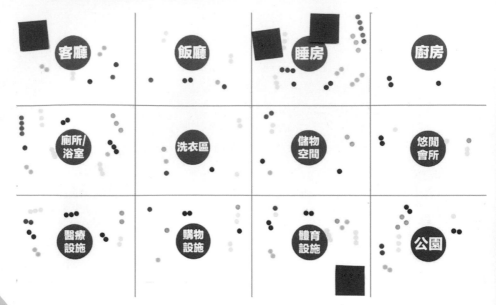

圖片來源：文慇樂、鍾梓泓、劉國盛、黎耀霖

學生從工作坊發現，個人經歷也會影響對共居的接受程度。比如說，從前住過舊式公屋（徙置區）的參加者或許會更容易接受與人共用廚房等公共設施。他們在徙置區時嘗試過這樣的生活，雖然有些不方便的地方，卻在共用設施和空間時建立了良好的鄰里關係。這類參加者普遍可以接受共用廚房，但談到一些在廚房裏的設施和用具時也帶有保留。經仔細了解，冰箱和煮食用具往往都是問題的痛點——據他們分享，冰箱食物有時會「無疾而終」，而廚具則總是在水槽、桌子上「有待處理」（相信住過宿舍的讀者都有所經驗）。相反，無類似經驗或在過往有不愉快經歷的朋友大多不願意跟人共用廚房，擔心使用習慣不同而引發衝突。這些標準與從前的經歷和時代環境緊密關聯。

活動四中，即使參加者年紀相差不大，有些晚上九點便上床睡覺，有些過了十一點才睡，生活作息的差距可以很遠。眾所周知，生活作息是共居最難過的坎。深夜也好，清晨也好，若被別人走動的聲音打擾酣眠，即使再親愛的戀人，也會不禁向他拍檔大罵，恨不得用棉被把他捏個半

死。每個人的興趣和消磨時間方式更是五花八門，散步、閱讀、運動、講座……每個人都在過獨一無二的人生。

在每顆心裏，最後防線的位置都不一樣。而每個獨一無二的人，他們對生活的選擇都值得尊重。

共居的前提，除了必要的私人空間，還要有接納不同生活方式的包容性。

隨時間改變的需要和價值取向

另外，房屋的時間限制也讓學生十分在意。前面提及到人與人之間的差異會造成衝突，若從生命歷程觀點（life-course approach）去思考一個人的需要和物理環境之間的關係，小孩由兩三歲長到十二、三歲，再到二、三十出頭，適合他的房間因著生心理變化而全然不同。另外，家庭組成、工作學業、角色轉換等因素也為居所帶來變化。參加者在活動五考慮自己十年後的情況時，悻悻在原本很受歡迎的木製樓梯和功能齊全的廚房貼上紅紙——對於行動不便或認知功能衰退的長者，那些曾經好看好玩的樓梯、廚具只會徒增危險。

活動六中，參加者也為了寵物的問題辯論了一番。有人想在共用空間一起飼養寵物，覺得動物能夠拉近鄰居的關係，卻有人認為長者未必可以照顧牠們一輩子，不應承擔這個責任。人的年紀隨著時間增長，他們的需要也會跟著改變，相同的設計不可能一直管用。

話雖如此，感情需要時間來培養，若要重新連結人與地，居民最好還是能長久地住在同一個地方。不少調查也顯示，大部分長者傾向「居家安老（ageing-in-place）」，不願意離開原本的社區。若要破除房屋的物理限制，以應對「時間」帶來的挑戰和轉變，設計規劃必須具備足夠的靈

活性（flexibility）、適應性（adaptability）和包容性（inclusivity），應付使用者在長遠未來的改變。城市和居住地的「永續性（continuity）」也包括在聯合國的主要可持續發展目標（Sustainable Development Goals）之中。

跟想像不同的「長者」

說到退休三件事，參加者選中的頭三名依次是：一、運動；二、學習；三、社交。運動和學習排在首位，很多參加者都熱衷於自我增值，閒時多數會接觸大自然，舒展身體，也趁機擴展社交圈。實際上，不只是活動三，他們在多個活動中都流露出對大自然和運動的喜愛。他們的理想家居必須包括健身房、日光充足的大窗戶、綠色植物或花園，在討論半私人空間的活動時，他們一致認同「戶外活動」是生活的必須品。更弔詭的是，

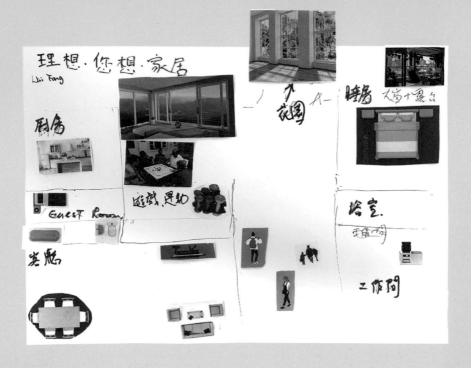

圖片來源：湯欣桐、何朗峯、鍾灃晴、楊詠姍

退休三件事裏面，他們認為最不重要的事居然是和家人相處及打工。

在學生看來，這班剛退休的參加者與一直以來自己對「長者」的印象大相逕庭。他們「走得比誰都快」，活潑得很；他們獨立有主見，玩遊戲玩得十分投入；他們對「共居」抱持相當開放的態度，甚至比年輕人更熱衷與人交流。隨著戰後在嬰兒潮中出生的一代逐漸踏入老年期，這班「初老」與社會經常聚焦討論的長者不同，喜歡接觸新事物，充實自己，重視社交，不再依賴原生家庭照顧。他們最害怕的是自己衰老後給子女添麻煩，佔用子女的時間，故而十分重視健康、獨立經濟和生活能力。

這次工作坊揭示了我們很容易會踏入年齡歧視（ageism）的陷阱，在潛移默化中給「長者」或某個年齡層加上刻板的標籤和偏見，造成不必要的誤解、誤會。這也進一步證明參與式設計的重要。時代在改變，人的取向也在不斷改變。無論是學生、筆者，抑或社會大眾，唯有不斷地接觸目標群體，與對方保持溝通，了解對方的需要，及時地更新認識，才能夠破除這些標籤和偏見。

或許，我們不用再懼怕衰老（ageing），反而應該透過了解改變，擁抱黃金時代（golden age）的來臨！

在香港老人房屋呈兩極化，長者不是住在傳統重視效率的「老人院」，就是在沒有配套只能自力更生的獨立房屋中生活。近年雖然有些新型長者房屋興起，例如香港房屋協會的晉悅居、彩頤居和樂頤居等，但數量之少，可謂僧多粥少；而且其中一些房價高昂，大部分長者都付擔不起。「不如早些死去更輕鬆。」記得工作坊的參加者半開玩笑地說道，他想到十年後身體慢慢衰老，不禁擔心到時無法自己照顧自己。香港很多長者因生心理機能慢慢衰退，逐漸失去自理能力，而家人也缺乏合適資源和援助，入住「院舍」似乎是必然的一步，

「唯有接觸目標群體，保持溝通，了解需要，才能破除標籤和成見。」

好像無法逃離的命運，注定失去尊嚴和私隱。即使滿足了基本生存條件，卻不能活著，我們故而對年老的恐懼揮之不去。這是科技再進步、效率再高也無從破解的事情。

既然現在的房屋模式沒辦法迎合這群初老的需要，我們要重構居所的概念，為新一代長者設計適合的房屋機制。從生活、情境的體驗著眼，以「共居房屋」為舞台，落實照顧用家身心各方面的空間場所。

而這群初老，將成為「共居房屋」的主角。

抓住這一天，孩子。
讓你的生活變得精彩絕倫！

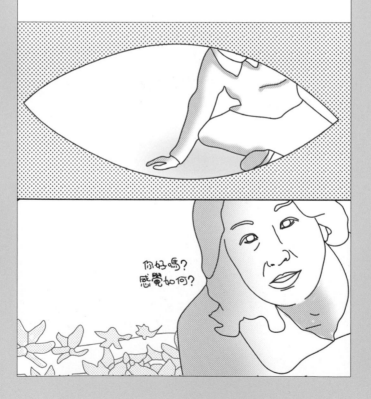

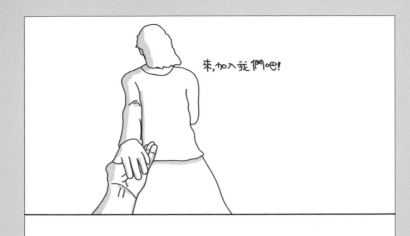

來,加入我們吧!

相信我,
你將擁有理想的生活。

由走廊開始
重構集體空間

學生們首先從概念著手，重構集體空間。在共居機制下，人與人交流的空間變得至關重要。作為屬於大家的空間，居民會在集體空間（collective space）聚集，舉辦各種聯誼活動，培養情感。倘若集體空間不好使用，單調沉悶，無人問津，就無法達到招聚居民的目的。居民能否配合共居機制互相幫助，跟集體空間的設計有偌大關係。

怎樣才能自然地吸引人前往集體空間？學生們思考著這樣的問題，得出了第一個設計。

由瓦通紙開始的空中走廊狂想曲

右面的概念模型（study model）顯示了學生們最初的發想——把走廊轉化為好玩有趣的集體空間。在住宅設計中，流動空間（circulation space）往往是無可避免的，卻常因浪費而被人詬病。走廊是過渡性空間，存在目的是連接兩個不同空間，供人由一個空間轉移到另一個。這種緩衝空間，本身不會發生任何正式活動，卻是人們最常發生邂逅的地方。試想像：鄰居在走廊偶然遇上，彼此寒暄幾句；小朋友嬉笑著捉迷藏，在走廊間互相追逐；上班族早上出門，跟去買餸的隔壁婆婆打招呼……彷彿是從前香港舊屋邨常有的場景。走廊連繫了一個又一個家，盛載了不少人的回憶。

每天出門回家，必須進入走廊。把這個空間改造成集體空間，人的動線

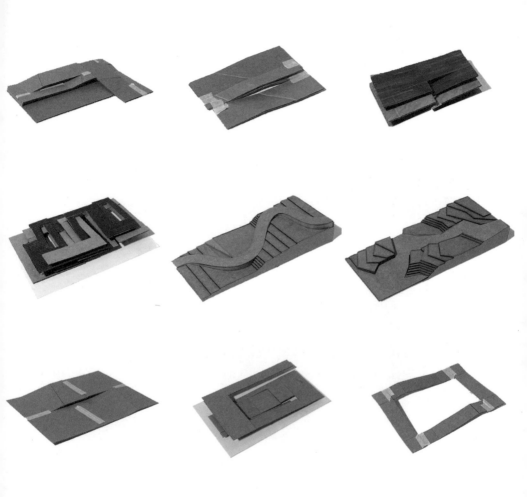

圖片來源：文愨樂、鍾梓泓、劉國盛、黎耀霖

無可避免地與社交活動重合，大幅提高人們相遇的機率，走廊便會成為最棒的社交場所。當偶然變成必然，交流隨之變得自然而然。

香港高層住宅林立，為了用盡空間，往往只留下正中間的電梯大堂，直接與住宅門口相連，盡量減少走廊的應用。這個設計形成了相當封閉的過渡空間，通常沒法看到外面的景色，只會讓人想盡快離開，與舊公屋差別很大。

學生們嘗試「倒行逆施」，盡量開放過渡空間，把走廊掛於空中。「空中走廊」不只連接同一層的單位，更把不同樓層連接起來，帶動上下樓層的人流流動。空間變得開揚，人們容易看見彼此，互動必能增加，令走廊成為人與人相遇的場所。

走廊成為社交場所

學生們從工作坊了解到，無論對長者和小孩來說，「好玩」和「有趣」都很重要，因此也想在共居房屋加入玩樂的元素。

他們利用瓦通紙造成粗略的模型，想像人們在上面走動，探索斜度不一的走廊如何組合成為不同的空間。組合不能太單一，否則會很無聊；相反，走廊設計若太複雜的話，便成了迷宮，容易令人迷路。道路上的起伏，引起路人的玩樂心，成為遊樂場所。空間的形狀也會影響人的行動：調整走廊的寬度，寬敞的空間鼓勵人停留腳步，狹長的空間使人加快腳步；彎曲的道路延綿不斷，讓人看不到盡頭；嶙峋的道路暗角連連，讓人摸不清空間全貌。

況且走廊未必一定就是平坦的通道。若在較寬闊的走廊加設運動設施，或者加放一些座椅、梯級在旁，讓人停下賞月觀景，既瀟灑又愜意。甚

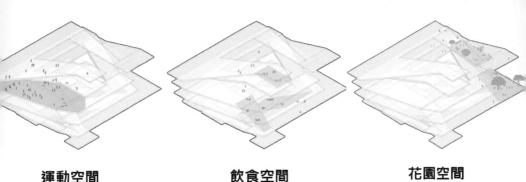

運動空間	飲食空間	花園空間

圖片來源：文愨樂、鍾梓泓、劉國盛、黎耀霖

或圍起一桌飲茶，途人嗅到茶香，自然會欣然而至，加入大伙聊天。若像林中小徑般兼具良好景觀，在走廊間放些盆栽之類，劃分出綠化帶，那就更是宜人了。

動線策略 把消費科學化為人情味

所謂動線，指的是人流在建築內所有移動線路的總和。在設計消費場所如商場的時候，設計者經常根據消費者的習慣，經過空間統計學數據的研究分析，以空間規劃佈局干預消費者的行走路徑，盡可能延長他們的逗留時間，讓人流走過盡量多商品。在顧客面前展示多樣化的內容，或同一產品在不同場景的應用，仿如無形的售貨員暗暗地提高了顧客的購物慾，達到更高的銷售額。因此類似後頁那樣四通八達的廣闊空間，其實常見於商場等消費場所——空間使用者在不知不覺被誘導，沿著設計好的路線走下去，增加購買商品的機率。動線策略有助提高商戶的客流量和成交率，也能提升整體的商舖價值，故動線被稱為掌握著商家命運的生命線。

其中的佼佼者要數宜家家居（IKEA）。在商業室內設計中堪稱經典範例。細心而科學地規劃內部區域，人流動線策略令購物路徑經過店內每一個角落，大大延長了顧客的逗留時間，同時合理地分散了人流，讓出口等

著付款的佇列不至於過份冗長。宜家的室內空間不設回頭路，地上和懸掛著的路標總是清晰可見，購物車永遠放在唾手可得的位置。這一切都是對消費者的心理暗示：為了避免錯過產品，他們唯有先把物品放入購物車，最後便很有可能埋單結帳。

綜合來說，動線策略的以下特性，使走廊（過渡空間）成為「社交」的最佳場所：

一、必然性：人無法避開過渡空間，路上的偶遇變成了必然，開放的空中走廊更大大加劇了視覺接觸的可能性。

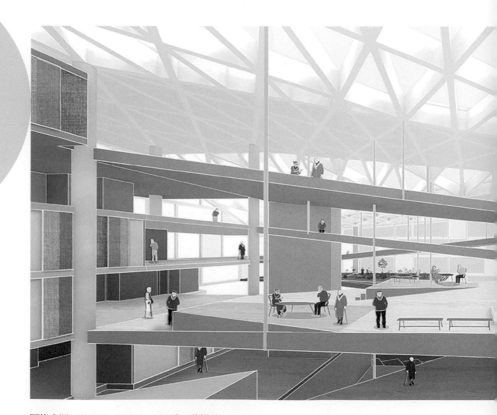

圖片來源：文慇樂、鍾梓泓、劉國盛、黎耀霖

二、流動性：人可以隨意進出過渡空間，不會長時間停留，感到尷尬即可隨時走人，高流動性讓人更加隨意地交流，像不斷碰撞的空氣粒子，更加容易與各種人對話。

三、無目的性：在過渡空間中，人不會抱持明確目的去做甚麼事，所以更願意跟別人說話，甚至接受新的事物。

商家的營銷手法目的在於吸引顧客消費，從中獲利。學生把動線策略應用在共居房屋，消費衝動替換成社交意願，充滿「消費味道」的商場搖身一變，成為人情味滿溢的社交場所。走廊經過重新定義，不再是空白沉悶的過渡空間，而變成了充滿歡聲笑語的集體空間。此乃連接人與人之間的橋樑，共居房屋的靈魂所在。

主要角色

Hubert　21歲

Hubert 母親的老朋友　68歲

Silvia　60歲

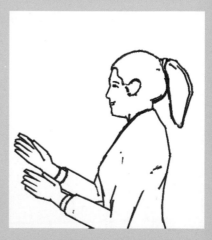

Silvia 的孫女　19歲

圖片來源：湯欣桐、何朗峯、鍾灃晴、楊詠姍

最有效的學習方式是實踐。

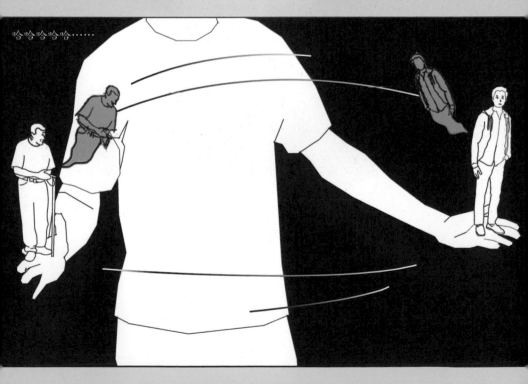

哈哈哈哈哈······

軟邊界——
隔閡的藝術

世代隔閡 = 時間隔閡 x 社經地位隔閡 x 空間隔閡 x ……

在工作坊中，學生刷新了對長者的認知。他們才意識到自己對老一代十分不了解，導致一直以來的隔閡。如果沒有這個互動工作坊，他們不會主動與長者說話，也不會產生對老一輩的興趣，不會想了解他們的事情。

若兩個世代的人很生疏，即便待在同一空間也無補於事，例如上一節的空中走廊，即使景色再美再熱鬧，也鮮有年輕人願意主動走入長者的圈子。阻礙交流的不只有物理空間上的不足，由興趣到生活習慣，經濟收入到價值觀，無數看不見、摸不著的差異，兩個世代之間盤桓著巨大的鴻溝。

只有空間走廊並不足夠。房屋設計稍有不慎，便會造成無法想像的惡果。

羅賓漢花園：空中走廊的黑歷史

羅賓漢花園（Robin Hood Gardens）便是其中一個著名例子。羅賓漢花園位於東倫敦交通樞紐的公共住宅區，是八十年代英國新粗獷主義（New Brutalism）的代表建築，由建築師艾莉森和彼得·史密森（Alison & Peter Smithson）設計，於一九七二年建成，約二百個住宅單位，收容了當地的工人階層。史密森夫婦是英國那個時代年輕建築師的先驅者，

他們的野心體現在羅賓漢花園的「空中走廊」（streets in the sky）上。在建材裸露的東西兩棟樓，每三層便設有一條寬廣的陽台，左鄰右舍可以坐在椅子上面聊天、喝茶、曬太陽。廚房都在單位最接近陽台處，讓母親一邊煮菜，一邊照看在外面嬉耍的孩子。

哪料到這個別出心裁的公共空間，竟成了整個設計的痛點：建築師沒有考慮到當時二戰後的社會環境，政府拆除貧民窟，居民被迫遷並被需支付昂貴租金，累積的不滿造成社會動蕩，而對公眾開放的空中走廊，可達性高又缺乏管理制度，於是很快淪為罪犯窩藏的空間。居民無法如設計者所盼望的在陽台上閒晃聊天，甚至將物品放在公共區域，很容易就被他人破壞掉。這也使得居民愈來愈沒有安全感，不願意將自己的生活延伸到走廊上，更不願意去維持公共空間。不久，由於缺乏維護及高犯罪率，羅賓漢花園最後成為了連住戶都討厭的社區。（Wang, 2021）

2017 年，羅賓漢花園的西樓在眾多呼聲下被拆除，剩下的東樓也難逃一劫。

這個案例告訴我們，除了房屋空間本身的設計外，還很多因素牽涉到設計的成敗，設計也需要考慮時地人。尤其在設計共居房屋時，必須加倍留意社會環境、時代背景，還有當地的人際關係等。若居民包括長者和年輕人，青銀毗鄰而居，設計便須跨越世代隔閡。

以學生的自身經驗，兩代的交流需要有一個契機。像前面的漫畫一般，憑藉調換腦袋的契機，兩代人才會開始交談。學生們的發想就是重新解構隔閡，模糊人與人之間的邊界，利用軟邊界（soft edges）創造這麼一個自然的邂逅契機。

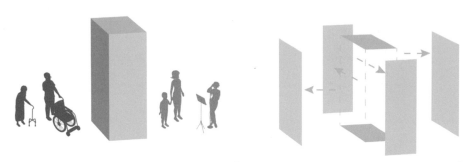

1 兩代間的**隔閡**　　**2** 模糊邊界>把牆取去

3 軟邊界製造相遇的契機

圖片來源：湯欣桐、何朗峯、鍾澧晴、楊詠姍

軟邊界──虛實之間 形體不定

建築學的邊界（boundary），通常指被刻意定義的空間範圍，最通俗常見的邊界是牆壁。空間沒有形體，像液體一樣，倚靠外在容器來維持形態。我們常用牆壁劃出室內間隔，形成不同的空間。而軟邊界，就是超越實體界限的空間劃分，設計師刻意模糊空間的界限，令人分不清身在哪個空間。若把私人空間和公共空間模糊化，人處於虛實之間，這種曖昧不清的感覺使人在不知不覺間放下心防，較容易走出舒適圈，不會覺得自己「被迫」去公共空間，避免強制交流的氣氛。

學生首先利用拼貼畫描繪心目中含有軟邊界的空間。這是設計工作室常用於空間想像的方法，參考世界各地的建築設計案例，在短時間內選出合適的元素，異想天開也好，天馬行空也沒關係，拼貼畫讓人拋開所有既定框架、突破限制，具體地探索和研究抽象的設計概念。

綜合學生的拼貼畫，軟邊界可分成三大類（另加一種空間規劃上的策略）：
一、物料類──藉穿透性的物料如玻璃，或特殊間隔牆，甚至是植物，達到聞其聲而不見其面，可望而不可即的效果。
二、機關類──可改動或移動的裝置，如趟門、旋轉門等，因應不同場合靈活改變空間與空間之間的連結，製造動態的機制，隨時轉換成私人或公共空間，同時也激發更多用途上的可能性。

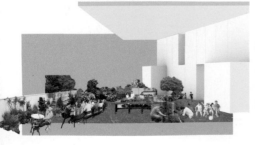

圖片來源：湯欣桐、何朗峯、鍾澧晴、楊詠姍

三、空間類——層層遞進的空間規劃，營造平面或垂直上的空間層次（spatial hierarchy），愈往內或上便愈隱蔽，相反則愈開放。

四、時間類——由空間使用者的生活習慣差異而產生的阻隔，常見的例子有屋邨遊樂場，通常長者早上在此晨運，到了下午這裏便滿是放學回來玩耍的小孩，雖然兩者需要同一空間，卻不用爭著使用。

度身訂做 確保生活有公有私

考慮到香港樓價高昂，空間短缺，子女常常與父母甚至祖父母共住。多世代家庭在高密度環境往往會產生不同磨擦，加劇隔閡。為了節省空間，又保障各自擁有最低限的私人空間，學生為不同家庭的組合量身訂做合

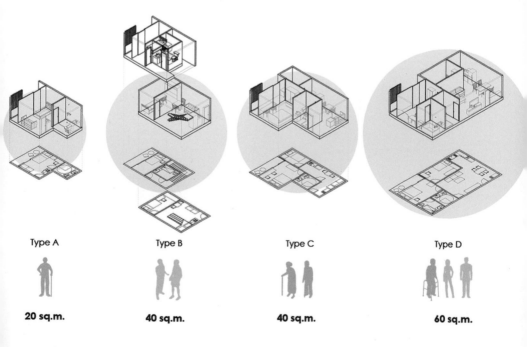

Type A
20 sq.m.

Type B
40 sq.m.

Type C
40 sq.m.

Type D
60 sq.m.

圖片來源：湯欣桐、何朗峯、鍾澧晴、楊詠姍

175

適的單位，包括單身人士、年輕情侶、雙老及與父母共住的較大家庭。在單位內外運用不同的軟邊界，確保每個單位的住戶能夠不受干擾地享受私人空間，與此同時在公共空間的活動也唾手可得。對於共居房屋而言，雖然未必能夠直接消除人與人之間的隔閡，但貼合住戶的生活習慣，讓居住者獲取安全感，有餘裕去平衡公私生活，便是設計能作出的最大貢獻。

從空間規劃看出人際關係

其實有時候設計師並非刻意為之，但房屋的空間規劃某程度上可反映居住者的權力關係。以啟蒙時代初期的製鹽工廠 Royal Saltworks 為例，工人、僕人和囚犯的屋子以管理者大樓為中心形成半圓形，管理者大樓處於半圓的軸心位置，也是工廠中最高的建築，凸顯出住在這裏的人擁有工廠的至高地位，以及他作為監察者的身分。另一邊廂，尚在規劃中位於美國加利福尼亞的 Facebook Willow Village 則大為不同，設計者依據功能分成工作、居住、娛樂等區域，員工宿舍散落在區內，分佈平均，體積相似，沒有特別顯眼

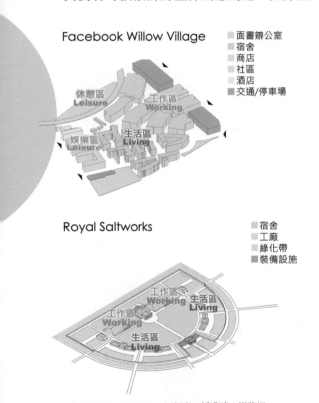

圖片來源：湯欣桐、何朗峯、鍾灃晴、楊詠姍

的建築，從中可窺見現代崇尚扁平化組織（flat organization）的哲學，跟十八世紀末的工廠設計全然不同。

共居兩大方向：「求同」與「存異」

如果香港將來要營造「長幼共融」的環境，年輕人與長者在同一社區一同發展及生活，那如何在房屋設計中注入「共居」元素，促進兩代之間和諧、融洽、自然的互動，便成為箇中關鍵。

和諧「共居」離不開兩個大方向：「求同」與「存異」。

「存異」正如前面所說，尊重每個人的生活，不強制地改變人的生活習慣去迎合群體。每個人都是獨特的，因為生活習慣不同而存有隔閡，再自然不過了，反其道而行只會有反效果。透過軟邊界提升空間的醍醐味，重新定義隔閡，用迂迴的手法避開衝突，使住戶確保私人領域不受侵犯，又在不知不覺間接受了公共領域，參與公共生活（communal living），如此便是學生探索的存異之道，人工製造的「自然契機」。

至於「求同」，則是利用人的共通點促進交流。擁有共同興趣、共同信念的團體往往比較團結，外國很多成功的共居房屋，例如德國的 GeKu-Haus（Generational Culture House）跨世代文化住所和台灣三峽的玖樓（9floor）青銀共居試驗計劃，也是把志趣相投的兩代人組合在一起。無論是 GeKu-Haus 裏年青與退休的藝術家，抑或同樣以食為天的台灣老幼，他們共事的時候，總會因這些共通點而打開話匣子，或創作，或煮食，在交流中締結超越年齡的友誼，讓房屋成為傳承文化、技藝之地。

來日未來

Illustrated by Coco, Joyce, Julia & Tommy

大雄（60）
和哆啦E夢的故事

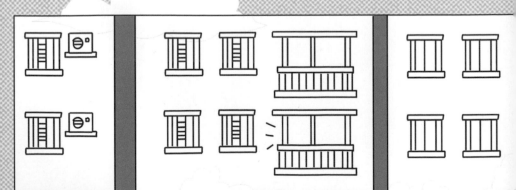

圖片來源：姚子慰、鄧曉晴、林祥鈴、羅珮錤

來看看大雄
過得如何吧！

超級
放大鏡

嗯嗯……

為什麼？
我已經把生活所需的
必需品和科技產品給他了。
為什麼他還是一臉悲慘？

我一定要找出原因！
我要幫他！

馬斯洛
金字塔

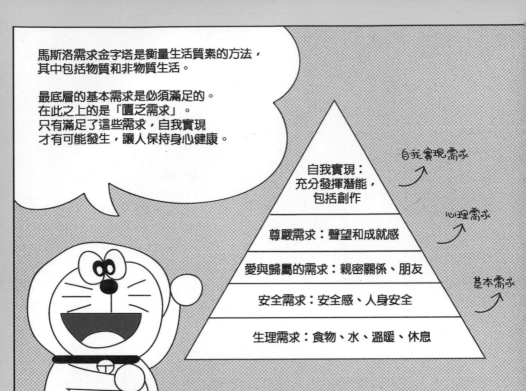

馬斯洛需求金字塔是衡量生活質素的方法，
其中包括物質和非物質生活。

最底層的基本需求是必須滿足的。
在此之上的是「匱乏需求」。
只有滿足了這些需求，自我實現
才有可能發生，讓人保持身心健康。

自我實現：
充分發揮潛能，
包括創作

自我實現需求

尊嚴需求：聲望和成就感

心理需求

愛與歸屬的需求：親密關係、朋友

安全需求：安全感、人身安全

基本需求

生理需求：食物、水、溫暖、休息

讓我看看大雄的金字塔……
什麼？！只有基本需求
得到了滿足。

嗯……看來大雄的
心理需求有待滿足。

確實，科技或許能滿足物質上的需要，
在行動不便時也可以倚靠機器。

然而……

Siri! 給我水!

Siri! 開燈!

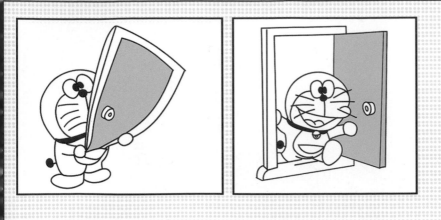

共居
理想國

為甚麼哆啦Ａ夢讓大雄住進「共居樂園」，大雄還是感到空虛寂寞？

根據馬斯洛人類需求五層次理論（Maslow's Hierarchy of Needs），人類的需求大致可分為三個層次：為了生存和安全的生理需求；在此之上追求快樂和歸屬感的心理需求；在金字塔頂端的是關乎自我實現的需求。傳統的房屋看重人最基本的生理需求，讓住戶有地方吃喝拉撒睡，不至於在街上冷死，從而予以安全感。但共居房屋應止於此嗎？上文提到的二分一房屋，設計者所望的不只是生理需求和安全感，更希望透過房屋設計的過程建立社區網絡，促進區內交流，藉此滿足人的社交和其他心理需求。

在設計的探索過程中，學生發現房屋設計若要再進一步，幫助住戶自我實現，那就不能停留在「房屋給予──住戶接受」的階段，他們的設計應該鼓勵住戶由「支取者」轉化為「給予者」。

正如小孩子受父母照顧，但長大後必須懂得獨立謀生，立業成家，撫養下一代。即使多啦Ａ夢有再多法寶，也不能滿足大雄。唯有大雄發奮圖強，以自我行動去獲取成果，才能臻至人生的顛峰。

集齊四類空間功能 實現所有願望

前面兩節把「過渡空間」重新定義為「公共空間」，又把「私人空間」

圖片來源：姚子慰、鄧曉晴、林祥鈴、羅珮鏇

擴展成曖昧的公共空間。這節綜合互動工作坊的結果，歸納出四類空間的功能（programme）。只要共居房屋集齊這四類功能，並且規劃得當，便能讓住戶自發組織更多社區活動，過上豐富多彩的生活。這四類空間功能是：

一、獨處之地（Place of Solitude）：用來獨處的場所，必須包括睡覺、廁所、沐浴、儲物、工作、讀書等功能，一般屬於睡房等私人空間。

二、轉變之地（Place of Transition）：介乎私人空間與公共空間之間，讓人做好心理準備的場所，前文提及的走廊等過渡空間便屬此類。

三、相聚之地（Place of Gathering）：用來聚會、交流的場所，可以是大會堂、社區園圃、公共浴堂等公共設施，但未必一定開放給公眾，與親友共聚的樓閣、小庭園，或是私人樓宇常有的會所也是一例。

四、抱負之地（Place of Aspiration）：實現抱負的場所，讓人一展所長，互補長短，例如：耕種稼穡的田地、照顧小朋友的托兒所、表演場地等，能夠發揮自己的價值，從而獲得心靈上的滿足。

空間與場所 房屋的雛形

建築理論家皮耶・馮麥斯（Pierre von Meiss）在《建築的元素：形式、場所、構築，最恆久的建築體驗、空間觀與設計論》（*Elements of Architecture: From Form to Place + Tectonics*）中說過：「空間隨著太陽的移動而改變，場所隨著人類的移動而改變。」（Meiss, 2017）把空間轉化為場所的就是功能。空間無處不在，而場所只會因人類而存在。

在構思共居房屋時，由應有的場所到實體建築，途中很重要的步驟包括空間規劃，把所需功能分配到合適的空間，透過設計操作將不同空間連結、割裂，或是創造出新的關係。當中，學生嘗試透過概念圖探索合適的空間組織（spatial organization）、空間序列（spatial sequence）和

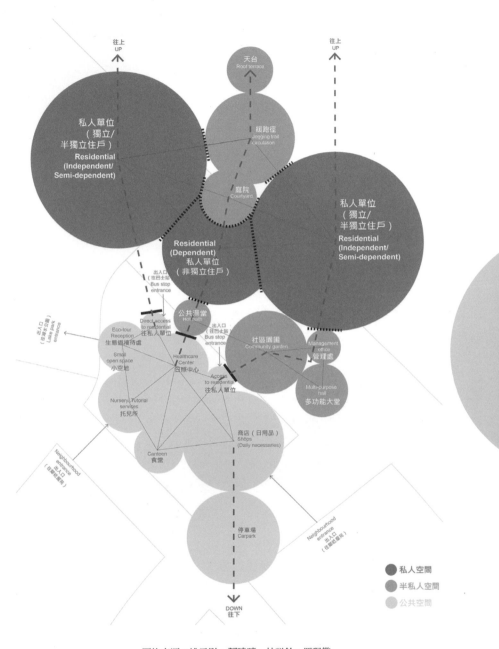

圖片來源：姚子慰、鄧曉晴、林祥鈴、羅珮鏃

功能組合（programmatic mix）來將抽象的共居概念轉化為具體的建築設計。

前頁的泡泡圖便是一種規劃工具。一個泡泡代表一種功能，再以符號標示出人流動線。相似的功能聚合在一起，無法相容的功能互相排斥，托兒所、田地、公共浴堂等功能自然放在比較公開的區域，私人單位則向上發展，安排在較高的位置，以過渡空間相隔，為住戶提高私隱度，而過渡空間則延伸出一些較小的公共設施，給予住戶分享使用。

如此便是一個共居房屋的雛形了。

由小至大 環環相扣的社區設計

通常團體愈大，成員便愈感到自己的存在感渺小，難以產生歸屬感，也會猶豫應否提出意見。為了凝聚社區，學生想到讓住戶各自組成二至四人的小團體，這些小團體再各自合成一個樓層的組織。人在小團體較自在，而小團體之間也較易產生互動，這樣環環相扣下去，整棟樓的住戶便會形成緊密的社區結構，成為向心力較強的群體。學生透過不同單位排列的佈局，給每個小團體一個共享空間，由成員共同管理，可以吃飯、看電視、曬衣服、做運動……根據團體成員的決定，這個空間會成為他們所嚮往的場所，與志同道合的鄰居一起實現抱負之地。

由內而外 從功能而生的共居藍圖

把整體規劃（泡泡概念圖）和社區結構結合，學生開始為共居房屋的功能地圖作出深化設計：

由內（上）向外（下）說明，最上面的是給住戶休憩放鬆的空中花園。

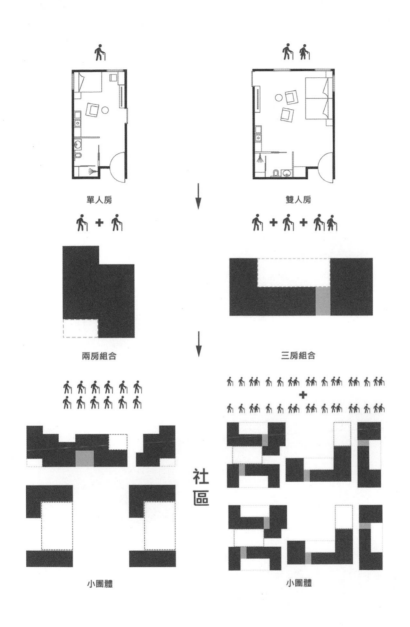

圖片來源：姚子慰、鄧曉晴、林祥鈴、羅珮鏇

稍往下看，每四個私人單位便享有一個共享客廳，幾個共享客廳又組成一個較大的共享空間，根據住戶的偏好作不同用途；一條緩跑徑串連起所有共享空間，這條跑道的一端是空中花園，而另一頭是居民大會的會場──圓形廣場。

至圓形廣場之前都是私隱度較高的住戶專屬區域，而廣場則被設定成半開放的公共空間，因為居民大會只會偶爾舉辦，用來商議共居房屋的重大方向，進行全民投票，而其他時間可舉辦一些較大型的活動，比如音樂表演、展覽、市集等等，開放給公眾參觀。

再往下是各式各樣的設施，充當社區樞紐（community hub）的功能，其中包括農田、公共澡堂、托兒所、護老中心、商店、旅館等。學生認為這些設施應該由居民、地區組織及公私營團體合作營運，為創造共享價值提供平台，以收支平衡為目標。當然住戶能夠繞過這些設施，直接回到私人單位，不過這些設施能夠吸引附近居民，增加住戶與社區的互動。

ROOF TERRACE 天台花園

生活單位 LIVING UNITS

COMMON LIVING ROOM 共用客廳

COMMUNITY GARDEN 社區園圃

緩跑徑 JOGGING TRAIL

大會場 AGORA

管理處 MANAGEMENT OFFICE

公共澡堂 HOT BATH

大堂 LOBBY

空地 OPEN SPACE

臨時護理院 TEMPORARY NURSING HOME

旅舍 GUEST HOUSE

生態遊接待處 ECO-TOUR RECEPTION

醫療中心 MEDICAL CENTER

教育中心 EDUCATION CENTER

雜貨店+藥房 GROCERY + PHARMACY

食堂 CANTEEN

停車場 CAR PARK

圖片來源：姚子慰、鄧曉晴、林祥鈴、羅珮鏇

共居住宅

圖片來源：姚子慰、鄧曉晴、林祥鈴、羅珮鏇

麻將枱前

「想打麻將但唔夠腳呀。」

「有冇人 join？」

「嚟緊啦！」

「等埋我！」

燒烤爐旁

「BB 睇吓，今日嘅月亮幾靚～」

「讓我高歌一曲《但願人長久》！」

花園平台

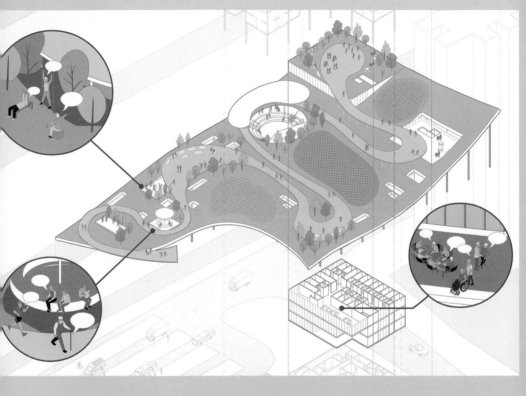

圖片來源：姚子慰、鄧曉晴、林祥鈴、羅珮鏃

圓形廣場內

「♫Shall we talk, Shall we talk
就當重新手拖手去上學堂
陪我講
陪我講出我們最後何以生疏♫」

草地上

「一、二、三、呼氣！」
「日日運動身體好。」
「流下汗感覺真好！」

跑道上

「阿伯，又見到你啦。」
「靚仔，你要跟得上我，
仲差幾廿年哈哈。」

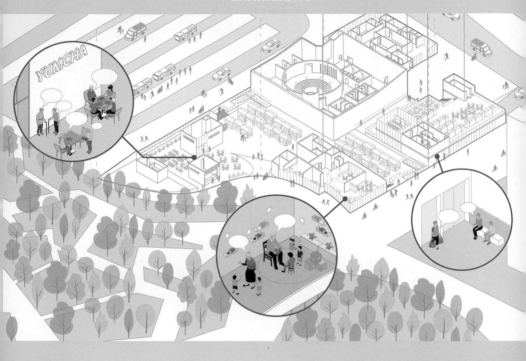

圖片來源：姚子慰、鄧曉晴、林祥鈴、羅珮鏃

酒樓內
「介意搭枱嗎？」
「請坐，請坐。」
「咦，你都過嚟食飯？」
「特價呀嘛。」

托兒所內
「今日講《快樂王子》……」
「婆婆我要玩伏匿匿！」
「好呀，邊個做鬼？」

電梯大堂
「陳太買完餸返嚟？」
「係吖，今晚仔女嚟食
飯……」

前面的場景放在香港，當真是格格不入，完全「離晒地」。學生們也很清楚這點。這類型的合作住宅，不講經濟效益，不管土地使用率，再怎麼想也不合常理，卻在外國盛行。只要當地居民覺醒，從當地各自的文化、資源、關懷、挑戰和夢想出發，住宅和都市空間的生產過程能夠「以民為本」，遵守「取之社區、用於社區」的原則，配合長遠的對策，將開源都市主義（open-source urbanism）、公民參與（civic participation）、社會正義、經濟發展和生態平衡等願景整合為一，「永續」便不再是紙上談兵的模糊概念，而成為能夠被實踐、被活用的理念（LaFond, 2019）。

由居民自己打造社區，鼓勵鄰里參與各種跨地域的方案，如此有助於發展「我」的理想城市。刻意打造的空間和精心安排的活動促進溝通，也和周遭鄰里產生互動；居民以社區為中心生活，集體規劃和管理事務，在日常生活裏彼此扶持，各取所需，隨之而來的是嶄新且有魅力的生活品質。合作住宅的產權結構（ownership structure）能避免投機買賣，有助穩定城市的高昂樓價，讓房屋由「商品」、「投機資產」回歸到其原點——我們的「家」。

被稱為「家」的住宅是人和地方的連結，而合作住宅既重視集體，又是著重個人的社會建築（social architecture），為身處在資源分配極度扭曲的城市提供了「出路」。處於新自由主義（neoliberalism）的時代裏，香港以往篤信「積極不干預」、「小政府、大市場」等教條，基層市民往往成為「新自由」的犧牲品，擁有自己的「安樂窩」變成很多人的空想、不切實際的夢。香港要解決「不適切居所」的問題，實現合作住宅需要公民的積極參與，拉近不同世代、不同界別的人士，在多方的共識下，不分彼此地合作，不求狹義地可持續發展（經濟領域），方有機會打造眾人的「家園」，達致「真·永續」。

沒有終點的
共居之路

這次設計工作室嘗試參與式設計和共居房屋，讓學生對「建築」本身作出反思。建築的設計過程，以及落成後的空間使用、住宅管理、硬件維修，對用家的生活環境影響極深。建築空間凝結了設計者的態度和價值觀，是設計者的思想之體現。左右設計的好壞往往不只關乎到建築形態（architectural form）的操作，也不是只跟建築風格（architectural style）有關係。

建築家雷佐·皮亞諾（Renzo Piano）和安藤忠雄同為「建築界的諾貝爾獎」普立茲克獎的得獎者，作為當代建築師中的風雲人物，兩人在講座中不約而同地分享：肉眼所見的「建築」只不過是冰山一角；隱沒於海底的巨大部分，才是與人的生活彼此纏繞，最不可分割的部分（東京大學．建築學科．安藤忠雄研究室，2003）。

設計的好壞在乎那趨使一切選擇背後的設計者，其意識對人類本質的體會。

參與式設計強調設計者和用家共同參與，但當中用家可以干涉多少設計決定？他們應該擁有多大程度的話語權？這是學生在課程途中不斷思考的問題。學生雖然總想完全依照工作坊參加者的意願，把所有功能「填」到共居房屋當中，卻因為空間不夠等種種原因而不得不放棄。眾口難調，一個設計要滿足所有人的需求是不切實際的，與此同時，為取得共識，眾人協調商議也要花費很長時間。如何尊重每位用家的意願？如何取

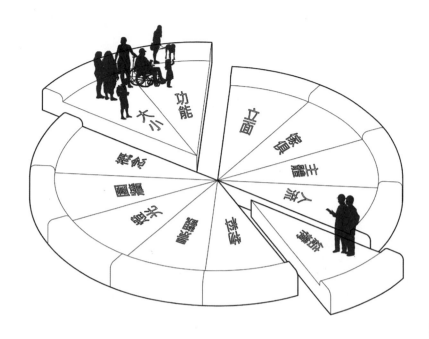

圖片來源：姚子慰、鄧曉晴、林祥鉿、羅珮鏃

捨，讓所有人都滿意？平衡多方利益，引導設計往好的方向進行，重任便落在設計者的肩上，也是參與式設計的難點。

對等原則是共居的鑰匙

共居房屋的目的，歸根究底，就是讓居住者共同生活，互相幫助。正如荷蘭青銀共居計劃 Humanitas Deventer 的發起人 Gea Sijpkes 博士所言，「對等原則是共居的鑰匙」，一個有效的共居機制必須讓所有持分者有來有往，避免單方面一直支取或給予，這樣的機制才有可能持之以恆。解鈴還須繫鈴人，設計能夠提供社交的平台，提高人與人交流的機會率，

但關鍵仍在於每一個人的意願及選擇。唯有住戶主動踏出舒適圈，積極參與並完善社區機制，讓設計者播下的種子發芽生長，令居所不是僅僅住的地方，而成為改變人生的契機。或許，這就是現代建築之父柯比意（Le Corbusier）對「住宅」定義的新詮釋──居住的機器（a machine for living）。

「不應把城市當作一系列孤立的組成部分併在一起，
而必須努力去創造一個綜合的、多功能的環境。」
──《馬丘比丘憲章 (Charter of Machu Picchu)》（1977）

城市是複雜的，正如人性複雜，不能用理性劃一概括。建築教育所觸及的範圍要比本身專業訓練來得多而廣，因為設計和規劃包含由土木工程到心理學等許多相關領域。隨著時代改變，房屋和設計者也須跟著改變，房屋應配備居住以上的更多功能，迎合不同世代的各種需求，平衡各持分者的利益主張。基於市民的日常生活而設計的共居房屋，將會作為城市的一部分，編織出生氣勃勃、五彩斑斕的城市空間，保持城市的活力與特色。

城市的價值在於多元選擇和豐富機會。所謂人性化的都市環境，必須注意到人與人之間，以及人與環境之間的關聯，一個有活力的好城市必然能讓全體市民感到便利舒適。

生活就是設計的唯一解答。

設計沒有結語

設計的過程永無止境，往往不能圓滿結束，探索過程本身便會產生更多問題。這次的共居設計工作室，學生未必真的得出共居房屋的最佳方案，

抑或發現甚麼很有意義的突破。短期內，合作住宅似乎難以在香港實現，我們卻不必就此灰心。這次學習對學生來說無疑是很珍貴的體驗。在未來成為建築師的路上，他們應該如何採取行動，回應社會環境的需求？共居設計工作室為他們提供了思考方向，見證了一個旅途的開始。

與此同時，近年香港的共居空間如雨後春筍般冒起，這些私人公司以社會聯繫為賣點，鼓勵租客互相交流，擴充社交圈子，為留學生和年輕一代提供租樓或劏房以外的另類選擇。另一邊廂，坊間也出現共享雪櫃、民間生活館、本地旅行團等地方營造的活動。這些嘗試未見得與共居有多大關係，但都秉持共享概念，將居民、商戶及社區連結起來，為理想共居房屋所需的包容性、適應性做準備。這些改變跟這本書一樣，就像埋到地下的種子，標誌著新的可能性。而撒種，其實是每個人都力所能及的事。

第五章
由你來城市實驗

我們在上一章看到建築系學生的努力，嘗試以設計創意修復人與地的關係。

來到最後一章，我們會根據你目前的地方感程度，向你推薦不同的社區營造方向（placemaking approaches）。改變環境不能單憑一己之力，也不能單靠政制的力量。每個人都可以藉由社區參與，有機地引出地方特色，透過創意想像、共享資源及技術，配合軟件和硬件，讓更多人認識地方營造對社區的重要，激活現有社區資本，進一步連結有心人，為社區出力。

我們希望如同接力賽一般，這一章由你來接棒，一同繼續這場城市實驗。

你跟地，
有多親密？

你跟地的關係測量表

所謂「知己知彼，百戰百勝。」在行動之前，我們首先需要自我檢視，明白自己跟地的關係。

右面的測量表從你的日常行為、對地方的想法、依賴感及喜愛程度等不同角度提出問題，由實際行為到抽象感覺，逐步引導你得出結果。

結果接後頁！

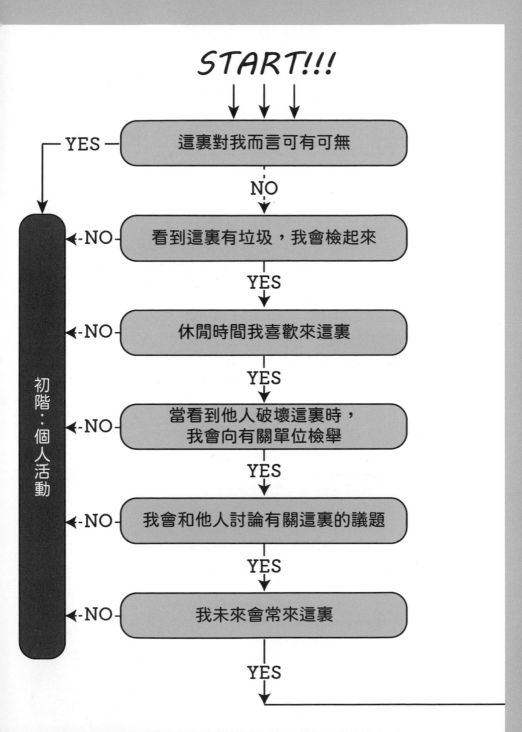

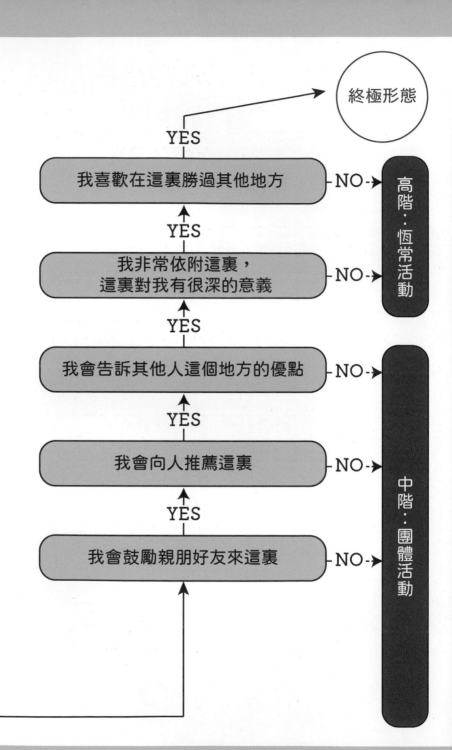

終極形態

YES

我喜歡在這裏勝過其他地方 —NO→

YES

我非常依附這裏，
這裏對我有很深的意義 —NO→

高階‥恆常活動

YES

我會告訴其他人這個地方的優點 —NO→

YES

我會向人推薦這裏 —NO→

YES

我會鼓勵親朋好友來這裏 —NO→

中階‥團體活動

你跟地的關係是？

初階：個人活動／戰略性實驗 Tactical Experiment

你和地的關係處於初始階段。你不太認識自己的社區，對周遭環境略感陌生，總覺得自己不屬於這裏，也不知道該做甚麼才好。但請不要灰心！正因為你是張白紙，才擁有無限的可能性，可以慢慢摸索方向。

建議你從認識社區開始，做一些較可行、便捷而簡單的實驗。在你踏出第一步之後，當你對居住地愈來愈了解，地方感也會隨之而來。

中階：團體活動／「升呢」行動 Level-up Action

處於中階的你，和地的關係十分曖昧。喜歡還是討厭這裏？硬要說的話是喜歡吧，但又不算特別喜歡。你頂多只會隨波逐流地參加一些活動，但不會特地為這裏做些甚麼。

你若想要「升呢」，擺脫模棱兩可的態度，可以多參加團體形式的實驗，多結識志同道合的區內人。

透過與他人互動，擴大區內的社交圈子，你與社區的連結將會進一步加深。你能夠深入認識到社區的不同面貌，幫助你脫離現在的瓶頸。經過實驗所收集的人脈，更有助你日後實現地方願景，發展關乎社區的長遠策略。

高階：恆常活動／規模擴大 Scale-up

目前你已經到達高級階段。你相當熟悉這裏，對這裏抱有歸屬感，也曾把想法付諸行動，向大眾推薦這個可愛的地方。

雖然如此，你總感覺好像在哪裏有所欠缺。心裏充滿各種想法，卻無從入手。

對於這樣的你，不要擔心。聆聽內心的聲音，召集伙伴吧！尋找跟你想法一樣的人，他們會幫助你，把你的想像擴展，連繫更多組織和機構，讓實驗的影響更深遠，深深地扎根於社區。

你絕對擁有改善社區未來的能力。

終極形態
恭喜你！你和地已經如膠似漆，臻至完美，再沒有甚麼可挑剔的地方了。現在的你常常關心社區，經常為了改善環境而主動行動，也擁有投入活動、互相支持的一班伙伴。就你而言，這裏是無可取代、別具意義的地方。

我們唯一的建議：請不要遲疑，盡情去做自己喜歡的事情吧！透過行動去影響你身邊的人，成為社區營造的同路人！

生活的
小改變 / 小挑戰

A. 記錄地圖 Storytelling & Mapping

初階：私人博物館 Object Museum
例子：都市實驗室

樂齡實驗室（前身為合十企画）跟香港藝術中心合辦「都市實驗室」，其中一節活動是「社區博物館」，承接前兩場社區探索活動，參加者對北角春秧街已有一定的認識，他們不再分組去跟春秧街上的街坊、店主接觸，而是單純以個人感受去微觀春秧街的事物。

這個微觀活動由一件物品開始。參加者在街道上

記錄地圖
Storytelling & Mapping

初階

私人博物館
Object Museum

街道每一件存在物都有其背後故事，從觀察目標地方的一件小事物，換個角度看一個地方。

參與人數：1人
合適工具：記錄工具（紙筆或平板電腦）
推薦地點：適合散步的街道

中階

尋寶路線
Urban Signage

外國有人為了讓人們多感受大自然，便藏起價值過百萬的寶藏在一個森林裏，後來果然吸引很多人去尋寶。在發掘城市的「寶」後，我們也可以組織尋寶活動。

詳程請參見▼

中階

對話訪談
Street Interviews

除了自己的個人印象外，了解他人對地方的印象，也可發展地方的不同面貌，更可透過跟街坊或店主對話，觀察並了解區內不同人的故事。

詳程請參見▼

高階

本地旅遊
Local Tour

香港有很多具有特色的地方，地方背後也有不同故事，組織本地旅行團讓參加者了解地方突事，承傳地方精神價值。

詳程請參見▼

高階

社區故事
Community Stories

成為現代的樹下講故佬，分享你知道的社區故事。

詳程請參見▼

中階

城市留影
Urban Portrait

一機在手，現代人便隨時隨地分享自己的生活和心情，我們也可以利用互聯網集結城市圖集/資料庫，使城市地方資訊流通。

詳程請參見▼

隨意地走，直至遇到一件吸引他目光的物件（例子：在客人挑選生果時，從籮中滾落地上的一粒荔枝）。當他找到那一件最感興趣的物件後，仔細地觀察它的「活動」（荔枝滾到行人的腳邊，行人完全沒有注意到這顆紅色小球，它被踢來踢去，最後落在電車軌上）。參加者把它的各樣

資訊填寫在社區博物館的「物品表格」上，在現場邊觀察邊記錄物品的位置、與它相關的所有者和位置，以及附近的人為活動。由於這個物件的活動都牽涉到人的參與，所以這個從物件出發的觀察角度，最終都會連結到人在這街道的活動（生果店老闆、行人和電車司機都是左右這顆荔枝命運的人，荔枝最終被電車駛過，荔枝汁跟車軌坑的污水融合）。參加者的記錄方法包括但不限於：照片、視頻、語音、繪畫等。

接著，參加者從收集回來的物品，聯想出一個故事。這個故事連結起物品、物品主人和地點（參加者看到那被輾過的荔枝，想到在春秧街辛勞工作的人可以喝一杯新鮮果汁；他想到生果店老闆——荔枝的主人，在店舖裏榨出荔枝汁。）然後，參加者由此聯想到春秧街的作用（春秧街是一個工作的場所，她同時是一個休憩場所，來到春秧街的人，很多都是很寫意地生活），並以一個類比的方式表達出春秧街的作用（春秧街就是果汁吧 Fruit Bar）。

整個活動想要激發參加者對地方的想像，引導參加者思考地方不同的可能性。在這個這程中，參加者主觀感性地跟地方接觸，因此約 50 位參加者的想像幾乎沒有重複。就像這樣，空間使用者都是以各自的個人特質使用一個地方，漸漸產生他們各自跟地方的關係。

地方就是每位參加者的私人博物館，收藏著他們與地方的故事。

B. 環境意識 Environmental awareness

高階：循環系統 Recycling System
例子：置富花園「四零」方案

香港的減廢工作困難重重，無論是處理垃圾的方式，還是垃圾徵費等政策，均爭議不斷，屢遭反對。位於薄扶林的置富花園，由 2014 年開始實行「四零」方案，以源頭減廢配合社區營造，為香港提供了一個很好的示範，做到社區和環境兩方面都永續發展 (Tang, 2015)。

置富花園有兩處「格仔田」，由居民親自培植木瓜等有機蔬果，讓大人

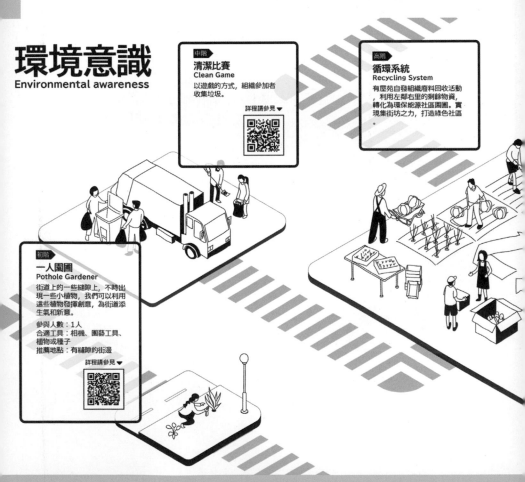

環境意識
Environmental awareness

中階
清潔比賽
Clean Game
以遊戲的方式，組織參加者收集垃圾。
詳程請參見 ▼

高階
循環系統
Recycling System
有屋苑自發組織廢料回收活動，利用左鄰右里的剩餘物資，轉化為環保能源社區園圃。實現集街坊之力，打造綠色社區。

初階
一人園圃
Pothole Gardener
街道上的一些縫隙上，不時出現一些小植物，我們可以利用這些植物發揮創意，為街道添生氣和新意。
參與人數：1人
合適工具：相機、園藝工具、植物或種子
推薦地點：有縫隙的街邊
詳程請參見 ▼

小朋友一起體驗農務,增加社區凝聚力,同時為社區增添綠色。園圃的灌溉用水來自棄置水缸改裝而成的雨水收集器;而平日的廚餘除了用作天然堆肥,還會製成天然清潔劑,既減少浪費,又節省金錢,還能保護環境。區內草木繁多,不但設有垂直綠牆,屋苑更會舉辦親子植樹日,所植樹苗都寫上植樹者的名字,美化環境之餘,又增強居民的歸屬感(郭雅揚,2016)。在邨內轉悠,不時會遇上區內的「共享閣」。居民會在這裏以物易物,分類回收,其中種類多達廿四種,包括書籍、玩具、電器、家具、衣物等,讓沒用的物件重獲新生。(鄭樂煒,2015)屋苑裏更裝有發電健身單車,鼓勵長者多做運動,為社區帶來貢獻。所有環保活動同時也是社區參與一環。

所謂「四零」,即是零耗糧、零耗水、零耗能和零排廢。這個方案源於置富花園居民協會的副主席姚松炎(Tang, 2015)。作為回應全球環境問題的策略,他就在自己居住的置富花園開始,利用自己研究所得的數據和指標,逐一說服居民、居民協會其他成員和管理公司,令試驗計劃得以實行。計劃在最初一年半已碩果豐盈:整個社區的固體廢物總量下降一成半;屋苑共節省了一百萬電費,並循環回收超過九百本書和百多件家居用品;管理公司更榮獲香港環境卓越大獎優異獎(鄭樂煒,2015)。

千里之行,始於足下。一個能長期有效行之的方案,通常會在社區裏建立平台,驅使居民主動落手工作。居民踏出第一步後,看見實際的成果,自然願意踏出第二、三、四步,繼續一起走下去。「四零」方案造就了現在樹影婆娑的置富花園,更把社區的人們重新連結在一起。

創意設計
Creative design

高階
社區會所
Community Club

會所未必是私人屋苑的專利，只要花點心思，我們也可以在社區創造一樣的空間。桌椅、健身器材、盆栽等，在公共空間擺放各自鍾愛的「傢俬」，在街坊的共識下一起打造社區會所。

初階
空間想像
Space Dreaming

想像力擁有無限可能。只要一筆在手，我們也可以在紙上描繪心目中的理想城市，改寫司空見慣的日常空間。

參與人數：1人
合適工具：相機、畫筆、膠紙、描圖紙等
推薦地點：鄰近社區

詳程請參見▼

高階
社會實驗
Social Experiment

所謂社會實驗，即在街上進行某種演出（例如：問人借電話、情侶吵架等），以此觀察途人的反應。多以社會現象為題，從而引發思考及社會討論。

詳程請參見▼

中階
社區展覽
Community Display

每人都握著社區的一塊碎片，不同人眼中的社區擁有不同面貌。把眾多碎片拼合起來，在收集、展覽的過程中，我們得以重新認識社區。

詳程請參見▼

中階
街頭藝術
Street Art

早於史前時期，人們便在洞穴壁上塗鴉，記錄歷史。時至今日，街頭藝術家於街頭巷尾留下標記，創造社區獨特的價值和回憶。
（注意：未經設施擁有者許可的塗鴉一般屬違法或犯罪行為。）

詳程請參見▼

高階
社區媒體
Social Media

一個社區的事，無論是新餐廳開張、通渠快訊，還是區內的人際關係，都可透過區報記錄和討論，連結並修補社區，實現理想的社區生活。

詳程請參見▼

中階
街頭表演
Street Performance

香港的公共空間一向不缺街頭表演：畫畫拍照，或歌或舞，無論是甚麼形式，表演者都能與觀賞者近距離接觸，增加區內交流。

詳程請參見▼

C. 創意設計 Creative design

高階：社區會所 Community Club
例子：主教山健身樂園地

在私人會所內的健身室鍛煉身體，和親朋好友打羽毛球、壁球、高爾夫球，常被標籤為理想的中產生活。其實會所未必是私人屋苑的專利，只

初階
社區書寫
Community Writing
時代更迭，周遭環境不斷改變發展。書寫社區的目的，在於記錄歷史變遷，呈現變化中居民的生存現狀和精神面貌。

參與人數：1人
合適工具：創作工具
（紙筆或平板電腦）
推薦地點：適合創作的空間

詳程請參見▼

初階
童年遊戲
Kids Game
跳飛機、一二三木頭人、狐狸先生幾多點……遊戲屋邨走廊間，嬉鬧花叢公園裏，充作未知愁滋味，重拾天真爛漫時。

參與人數：1-5人
合適工具：依遊戲性質而定，也有完全不用工具的遊戲
推薦地點：鄰近舊屋邨、公園或遊樂場等較開闊的空間

詳程請參見▼

要花點心思，我們也可以在公共空間擺放各自鍾愛的「傢俬」：桌椅、健身器材、盆栽等，集街坊之力，一起打造屬於社區的會所。

對於缺少土地的香港人，這個方案貌似天方夜譚。誰知社區會所的確在香港市中心出現？前陣子引起熱議的深水埗主教山配水庫，在發現歷史遺跡之前，曾經是附近街坊及運動愛好者的「晨運樂園」。這個樂園位於石硤尾、巴域街交界聖方濟各堂旁邊；沿巴域街往上走，拐過健康院，那道細長的樓梯便是樂園的入口。一路走上去，穿過鐵絲網，在大樹密蔭之下，只見一大片草地上遍佈健身器材，健身單車、單槓、雙槓、吊環……應有盡有，連鏈鞭也有好幾台。旁邊還有石屎凳、小涼亭，方便途人休息。在眼未及的範圍，在一些櫃枱中更藏有急救箱，緊急措施也算齊全。離樂園中央不遠處還有一個種植空間，在那裏有張長凳，是山上唯一能看見獅子山的地方。

相傳，不少長期病患康復者和長者靠這裏的設施強身健體，其中有人甚至由上水遠道而來。樂園如此受歡迎，皆因為這裏不像一般的政府康樂設施，而是一班晨運之友落手落腳，自行製作，每天搬運的成果。最初民間自建的範圍只有山頂的光明頂，漸漸使用者愈來愈多，發現有些長者難以爬上三百多梯級做運動，於是在山腳處另設「新天地」，又建避雨亭和圍欄，保護公公婆婆的安全。在這裏，有人會自發添置物資，設備故障便會修補，花草更有義工小隊專門看管。主教山上，每一台設備，每一草一木，都蘊含著使用者對這個地方的愛惜，以及與他人分享的快樂（黃泳樺，2017a; 黃泳樺，2017b; 黃泳樺，2017c）。

這片民間自建的晨運園地原為水務署管轄配水庫，早已荒廢多年。直至
2017年，地政總署因應市民投訴，以非法佔用政府土地，並有可能危
及公眾安全為由，宣佈清拆行動，禁止進入。隨著配水庫被修復，但願
日後重開的山丘，仍能重視人與人之間的生活連結，讓居民與空間共存。

D. 分享倡議 Sharing initiatives

中階：圍爐取暖 Community Party
例子：藍屋春茗／中秋晚會

分享倡議
Sharing initiatives

初階
自發服務
Self-initiated Services

贈人玫瑰，手有餘香。如果區
內有需要幫助的人，請主動伸
出援手。哪怕是再微不足道的
事情，也能成為連結社區的一
塊基石。

參與人數：1人或以上
合適工具：依情況而定
推薦地點：鄰近社區

詳程請參見▼

中階
節日市集
Markets & Festivals

市集既能整合資源，讓人學習
到與人共事的技巧，更可以吸
引更多人來了解社區。節日氣
氛下，我們和鄰近居民一起走
入社區，促進情感交流，增強
區內凝聚力。 詳程請參見▼

中階
圍爐取暖
Community Party

民以食為天，人的生活離不開
食物，而飲食文化能夠展現當
地特色。節慶時候，與街坊圍
爐取暖，一同分享美食，沒有
比這樣更熱鬧喜慶的社區營造
了。

初階
城市野餐
Urban Picnic

在街道上野餐，你不但可以觀
察到街道的全貌，更能以嶄新
的方式體驗城市空間。

參與人數：1人
合適工具：野餐墊、零食、
消磨時間的遊戲或書籍、記錄
工具等
推薦地點：
感興趣的街道 詳程請參見▼

高階
社區組織
Social Organisations

組織街坊力量，加強區內
資訊流通，由下而上地影
響地方決策。

詳程請參見▼

高階
社區食堂
Community Canteen

在社區設立資源分享站，同時
為街坊提供聚腳點。透過區內
共享，發揮互助互惠的精神。

詳程請參見▼

民以食為天，人的生活離不開食物，而飲食文化往往能夠展現當地特色。節慶時候，與親人圍爐取暖，一同分享美食，沒有比這樣更熱鬧喜慶的節目了。備受讚譽的藍屋建築群活化計劃一直致力保留原有居民網絡，透過多元的活動讓一眾街坊積極參於保育活化。其中最引人注目的要數春茗和中秋晚會，都是幾乎全體出動籌辦的年度盛事，更是藉分享食物連結社區的好例子。

為了慶祝新年，藍屋街坊和工作人員兩個月前便會著手籌備春茗。一場大型的盆菜午宴，事前需要多方協調並商討細節。除了訂購盆菜，更設計了炒熱氣氛的小遊戲和抽獎環節。這是集合藍屋所有合作伙伴的寶貴日子，從新舊住戶到義工街坊共四百多人聚首一堂，三十多圍桌椅擺滿藍屋空地，更一路延伸至外面街道。一團和氣之下，參加者會在藍布上寫上對藍屋的想法和期望，懸掛於街上一起分享。春茗最後是大合照時間，拍攝團隊和人流小隊等各位置的工作人員同心合力，四百多名參加者在石水渠街上合影，象徵活動圓滿結束（Tsang, 2018）。

來到中秋，雖然規模未及春茗，中秋晚會也是一眾街坊難得「共聚天倫」的機會。活動於晚上舉行，生果和糖水等食物由藍屋的居民權益小組負責，而參加者也會自備月餅或餸菜。根據居民事前討論投票，晚會有時會邀請來賓教做燈籠、菱角車等傳統手作，或放映一些大家感興趣的影片。在藍屋建築群中間的空地上，大人們圍坐賞月，小朋友猜燈謎，一片彩燈在夜幕中閃爍移動，成為參加者共同的集體回憶。

藍屋活化計劃的成功與社區參與緊密相連。不止是春茗和中秋晚會，民間生活館還兼任社區文化導賞、黃氏音樂晚會、社區論壇等各式各樣的活動。這座歷史建築物之所以成為街坊聚會的聚腳點，以至整個社區網絡的樞紐，就是透過這些活動逐漸累積而成（香港故事館）。

記錄
地圖
Storytelling & Mapping

後記：
沒有終點的旅程

這是一趟探索不斷的旅程。

在實驗中我們親身體驗，透過彼此對話及共同創作，梳理我們對人地關係的認知，探索地方感與健康城市的關係。同時我們也建立了一個社群，和一班來自不同背景的朋友一起度過這一段歷程，探索這個我們生活的地方，彼此勉勵，塑造了一份獨特的地方感。

地方的特質往往是影響地方感的關鍵。而對所屬社區有強烈地方感的人們，往往也會有較高的社會及心理福祉（social and psychological well-being），換言之，心理健康也比較好。在一連串的實驗中，我們發現在塑造良好地方感的過程中，除了規劃設計或政府管理外，地方社區及個人其實都擔當著非常重要的角色。正正是這些不同層面的連結交織在一起，社區才得以建立，構成屬於每一個人的地方。

這本書的最後一章介紹了不同的工具及例子，讓不同角色、不同能力的

人也可以一起參與這個過程，將每人作出的小改變匯聚成社區的創變，讓我們所愛的城市變得更美好。

不論你的背景如何，只要你是城市空間的用家，你總能夠找到自己的位置和角色，把社區營造融入日常生活。倘若各人在地方營造過程中發揮作用，解決潛在的問題和衝突，衍生出鄰里同伴支持的力量，便能帶動社區活化，讓我們的城市累積更多社區資本（social capital），創造更富饒的人文風景，提升以人為本的社區價值，實現社區共創的願景。

誠邀大家一起參與這一趟旅程。

鳴謝

項目團隊：

Joyce YIU 姚子慰

Alison LI 李佩螢

Emily CHAN 陳瑋瑤

Chasing YANG 楊梟東

小松隊及曾參與不同實驗的朋友們：

Albert and Connie	Alta
Andy and Michelle	Yuk Hing
振華	Eva
Faustina	Frank
Chor Tin	小燕
Ivan	Janet
Judy	Kathleen
KK	Ling Ling
Lo	樹基
Michael	慧芳
Pauline	Regina
Sandra	Silvia
Ching Tam	Tony
Gloria	Jimmy

香港中文大學建築學系、城市研究課程及其他院校學生：

Sandy, Hoi Lan CHEUNG	Shannon CHOW
Walter CHUNG	Mavis HO
Marcus HO	Santa, Ka Yan HUI
Koji, Siu Tung HUI	Karina LAI
Leon, Lai Yiu Lam	Tommy LAM
Shelton LAU	Julia LAW
Tracy LEUNG	Spencer LEUNG
Thomas MAN	Odile MOK
Raymond, Wai Man NG	Aaron SHEK
Karen TAM	Coco TANG
Amanda, Wai Yan TANG	Phoebe TONG
Ricky TSANG	Michael WONG
Agnes YEUNG	Phoebe TSE

機構組織：

香港藝術中心

香港社會服務聯會

香港中文大學建築學院

香港中文大學城市研究課程

香港中文大學賽馬會老年學研究所

香港中文大學研究及知識轉移服務處

各方好友：

樂齡實驗室顧問

Prof Jean WOO	Prof Wallace CHANG
Prof WONG Hung	Timothy MA
Iris TAM	Cindy WONG
Stella CHENG	Kathy WONG

小松隊顧問

Stephen TANG	Iris TAM

樂齡實驗室董事會

Dr FAN Ning	Sarah MUI

樂齡實驗室團隊

Esther NG	Kelly LIN
Kani AU	David LIN
Carina CHAN	Owen TANG

香港中文大學建築學院及城市研究課程

Prof Hendrik TIEBEN	Prof Mee Kam NG

香港中文大學賽馬會老年學研究所

Richard LEE   Regina LO

Cynthia LAM   Kayson HO

Bonnie LI

香港中文大學研究及知識轉移服務處

Dr Elsie TSUI   Dorothy HUI

Stephanie YEUNG   Franco WONG

香港藝術中心

Ian LEUNG   Elsie FUNG

Christy HO   Liv TSIM

Alice SZE   Dabie CHIU

Manyan

其他

Perry IP   Connie Maoshan

Dino WONG   Hin YUEN

Iris, Pui Yi LI   Clara WU

Vincent CHAN   Shuqin WU

Sumyee CHENG

參考書目

第一章

Bell, V. (2016, July 15). *The Mystery of Urban Psychosis*. The Atlantic.

Fullilove, M. T. (2004). *Root shock : how tearing up city neighborhoods hurts America, and what we can do about it (1st ed ed.)*. Ballantine/One World.

Jackson, J. B. (1994). *A sense of place, a sense of time*. Yale University Press.

Relph, E. C. (1976). *Place and placelessness*. Pion.

Steele, F. (1981). *The sense of place*. CBI Pub. Co.

Tuan, Y. (1979). *Space and Place: Humanistic Perspective*. (pp. 387-427). Springer Netherlands. 10.1007/978-94-009-9394-5_19.

Williams, A., & Eyles, J. (2008). *Sense of Place, Health and Quality of Life*. Routledge.

程玉然 . (2016, August 9). 「孤獨」這種都市病，會影響居民的精神健康？ . The News Lens 關鍵評論網 .

Sengupta, S. (2014, July 11). 全球過半人口住在城市，聯合國警告城鎮化考驗 . 紐約時報中文網 .

第二章

Discover Hong Kong. (2020, October 23). Hong Kong's "Yin Yang Street" 北角春秧街又叫陰陽街？ [Video]. Youtube.

Project for Public Spaces. (2017, December 21). *The Placemaking Process*. Project for Public Space.

十一劃生 . (2015, September 2). 『糖王』郭春秧 . Bloggers.com.

南豐紗廠 . (2022, n.d.). 南豐紗廠 . 南豐紗廠 .

香港電台電視部 (Producer), & 唐敏明 (Director). (2011, December 26). *香港故事（第 18 輯） 第三集：由春秧街說起* . [Video/DVD] .

康樂及文化事務署 . (2014, August 12). *康樂及文化事務署 - 中山紀念公園 - 簡介* . 康樂及文化事務署 .

康樂及文化事務署 . (2016a, September 22). 康樂及文化事務署 - 觀塘海濱花園 - 簡介 . 康樂及文化事務署 .

康樂及文化事務署 . (2016b, December 29). *康樂及文化事務署 - 香港公園 - 主頁* . 康樂及文化事務署 .

康樂及文化事務署 . (2017, April 28). 康樂及文化事務署 - 大埔海濱公園 - 主頁 . 康樂及文化事務署 .

張嘉敏 . (2020, January 23). 前大磡村舊址擬建活水公園 申撥款逾 6 億元 最快 2023 年完工 . 香港 01.

漁農自然護理署 . (2021, September 30). 郊野公園 . 漁農自然護理署 . 取自：https://www.afcd.gov.hk/tc_chi/country/cou_vis/cou_vis_cou/cou_vis_cou.html.

漁農自然護理署香港濕地公園 . (2021, September 30). 香港濕地公園 . 漁農自然護理署 .

西九文化區管理局 . (2022, January 24). 藝術公園 . 西九文化區管理局 .

賽馬會文物保育有限公司 . (2022, January 15). 大館 . 賽馬會文物保育有限公司 .

香港特別行政區政府渠務署 . (2019). 啟德河改善工程（黃大仙段）紀念相冊 . 香港特別行政區政府渠務署 .

香港終審法院 . (2014, December 23). 終審法院大樓 . 香港終審法院 .

第三章

Alexandersson, A., & Kalonaityte, V. (2018). Playing to Dissent: The Aesthetics and Politics of Playful Office Design. *Organization Studies*, 39(2‑3), 297‑317. https://doi.org/10.1177/0170840617717545

Light, R. (2010, April 15). *The Agora from Athens to Atlanta: Public Space as Marketplace, Park and Center of Urban Life*. Planetizen. Retrieved from: https://www.planetizen.com/node/43801.

Workspace Design & Build. (2016, n.d.). What can we learn from Google's offices about workplace design? Workspace Design & Build. Retrieved from: https://www.workspacedesign.co.uk/what-can-we-learn-from-googles-offices-about-workplace-design/.

第四章

Aravena Mori, A. (2016). In Iacobelli A. (Ed.), *Elemental : incremental housing and participatory design manual = manual de vivienda incremental y diseño participativo* (Second edition = Segunda edición ed.). Hatje Cantz.

Department of Economic and Social Affairs, Population Division. (2019). *World Urbanization Prospects 2018: Highlights*. United Nations.

LaFond, M. (2019). In 賴彥如 (Ed.), 合作住宅指南：用自決，永續，共居開啟生活新提案 (初版 ed.). 行人文化實驗室 .

Magazine, S., & Billock, J. (2019, December 19). *After Almost 500 Years, the World's Oldest Social Housing Complex Is Still Going Strong.* Smithsonian Magazine.

Meiss, P. v. (2017). In 吳莉君 (Ed.), 建築的元素：形式‧場所‧構築，最恆久的建築體驗、空間觀與設計論 = Elements of architecture : from form to place + tectonics (初版 ed.). 原點出版 .

National Army Museum. (2013). *'Your Britain. Fight For it Now', 1942.*

Wang, E. (2021, March 7). 羅賓漢花園生與死：拆掉東倫敦的「未來烏托邦」，市中心將不再有窮人 . The News Lens 關鍵評論網 .

東京大学 . 建築学科 . 安藤忠雄研究室 . (2003). *建築家的 20 歲年代 = World architects in their twenties* (初版 ed.). 田園城市文化事業有限公司 .

田银生 . (2000). In 刘韶军 (Ed.), 建筑设计与城市空间 (第 1 版 ed.). 天津大學出版社；天津大学出版社 .

第五章

Tang, K. (2015, July 22). 姚松炎：房產學人——「四零方案」社區自足 - 《社區公民約章》. 社區公民約章 . https://sites.google.com/site/hkcccharter/.

Tsang, H. (2018, August 16). 藍屋春茗 . Medium.

郭雅揚 . (2016, November 9). 【置富花園】植樹種出鄰里情 小居民搞墟傳環保 . 香港 01.

鄭樂煒 . (2015, August 5). 【地區政治系列】居民的事，如何叫居民做？—— 姚松炎的社區自救計劃 | 獨媒報導 . 獨立媒體 .

香港故事館 . (2022, N.D.) 藍屋 . 藍屋 . http://vivabluehouse.hk/tc/menu/27/story.

黃泳樺 . (2017a, August 17). 【愚公建山‧一】探病染沙士 楬近六年 康復者：主教山救咗我 ..

黃泳樺 . (2017b, August 17). 【愚公建山‧二】沙士康復者日行 800 級 花 10 年建主教山晨運樂園 . 香港 01.

黃泳樺 . (2017c, August 13). 主教山五代傳人 比政府更早上山建樹築梯 . 香港 01.

森耕細作
——連結社區的在地實驗

作　　者　毛家謙、高家揚、單懷亮
總 編 輯　姚子慰
編輯團隊　李佩螢、陳瑋瑤、楊梟東
責任編輯　吳愷媛
書籍設計　WhitePlainNoodles

蜂鳥出版
HUMMING PUBLISHING

在世界中哼唱，留下文字迴響．

出　　版　蜂鳥出版有限公司
電　　郵　hello@hummingpublishing.com
網　　址　www.hummingpublishing.com
臉　　書　www.facebook.com/humming.publishing/

發　　行　泛華發行代理有限公司
圖書分類　①社區營造　②社會文化
初版一刷　2022 年 11 月

定　　價　港幣 HK$138　新台幣 NT$690
國際書號　978-988-76388-0-3